「老い方」道しるべ

85歳現役健康推進員の提言

青木宏樹
AOKI Hiroki

文芸社

はじめに

筆者が１００歳を迎える２０４０年には、日本の高齢化率が最も高くなり、65歳以上人口が全人口に占める割合は34％と最高になる。仕事や子育てを卒業してからの20～30余年、本来、「寿《ことほ》ぐ」べき老後の現実は今や明るくはない。その第二の人生をどのように過ごせばよいのかは、とても大切な問題だ。この期間を果敢に生きるために、「自分を見失ってはいけない」と、心のブイ（浮標）に旗を立て、「立ち止まったら夢に届かない」と、自分に言い聞かせてはムチを打ち続けているこの頃である。

今日も『一生燃焼』の旗を掲げ、自分にしか歩むことのできない破天荒な一度きりの道を模索しながら、ただひたすら走り続ける。進む超高齢化の波に我が身を晒しながら、自らの考えを重ね合わせ、ある時は「自分の中に釣糸を垂らし」、脚色から演出まで全てを考えてストーリーを作る。好きな分野を活かし、常に「どうしたら楽しいか」を考え、自由奔放にデザインしこれを演出する。「自分という作品を作っているつもりで生きなさい」。

劇作家・井上ひさしさんの娘さん・井上麻矢さんが『夜中の電話　父・井上ひさし最後の言葉』の中で書いていた。そんな気分を少し味わいながら筆を走らせる。

　今日的課題、平均寿命と健康寿命の差、すなわち、介護や医療のお世話になる辛い期間が男性8年、女性12年ある現実。とりわけ、2010年、厚労省が試算した健康寿命では滋賀県の女性が72・37歳と全国最下位であったことに正直、大きな衝撃を受ける。

「私たちの健康は私たちの手で〜伸ばそう健康寿命 つなごう郷土の食〜」というスローガンのもと活動する健康推進員の一員として、「健康寿命」を延ばして、人様にお世話になる期間を1年でも2年でも短くしたい。そのためには何をどうすればいいのか？　自問自答すると同時に、自らの「人体実験」と重ね合わせ、その課題解決の糸口を探る、を「わが人生の課題」と位置づけ、葛藤《かっとう》の日々を記録する。超高齢化の渦が迫る中、自分の人生の役割に「健康づくり」を選ぶ。「目標があれば 元気が出る」を座右の銘に培ってきた「人体実験」の発想と導入、その手法や成果など、日頃目にしたことや感じたことを思いつくままに『私の徒然草《つれづれぐさ》』（エッセイ）として自由に書きつづってきた。

　2025年（令和7年）、人生の一里塚（85歳）を機に、自らの手で、そしてこの足で築き上げてきた我が人生の卒業論文とも言うべきこのエッセイを『「老い方」道しるべ

85歳現役健康推進員の提言』としたい。そして「健康で楽しい高齢生活」を営む人を増やし、『健康寿命』を延ばしたい！」という強い思いをまとめ、今日皆さんと共有する運びになったことの喜びをかみしめている。多くの皆さんが、「健康で楽しい高齢生活」を営まれることをひたすら望んで止まない。同時に、これを実践する人が増えれば、年々増加の一途にある社会問題の一つ、介護費や医療費の節減にも大きく寄与できるものと確信している。

また、このエッセイは高齢生活を楽しく歩むために、自分自身が特に「健康」の二文字に拘《こだわ》って生きてきた人生のひとコマであるとともに、今日まで筆者と関わっていただき育てていただいた方へのご恩返しの一端として、皆さんに贈るメッセージと受け止めていただければ幸いである。

最後に、多くの皆さんの共鳴・共感を得る中、「健康で楽しい高齢生活」の輪を日本の臍《へそ》・滋賀県の琵琶湖《びわこ》から発信し、11万人の健康推進員、10万人の認知症キャラバン・メイトと手を携えて、全国の津々浦々に拡げ、日本中に『笑顔』の花を咲かせたい。

応援メッセージ

「健康で楽しい高齢生活」滋賀から全国へ

滋賀県健康推進員団体連絡協議会 会長　山本 光代

私達ヘルスメイトの仲間である愛荘町の青木様は、2010年に厚生労働省が算出した「健康寿命」において、滋賀県の女性が72・37歳で全国最下位であったことを受け、「健康寿命」を延ばしたいという強い想いで、この度、自らの生活の記録をまとめられた『「老い方」道しるべ 85歳現役健康推進員の提言』を出版されました。この本には、青木様が日々健康への意識をとても高く持たれ、体験に基づくエピソードや健康づくりへの提案がたくさん書かれており、自分自身の生活やヘルスメイト活動の模範となる素敵なエッセイだと感じました。

これからも、この本を通じて、青木様の「健康で楽しい高齢生活」の輪が滋賀から全国に広がることを願っています。最後に、青木様が本会の頼もしい仲間として、これからも一緒に県民の健康づくり活動にご活躍いただけることを楽しみにし、また、応援させていただきたいと思います。

応援メッセージ

「自分らしく暮らし続ける」ために

医療福祉の地域創造会議 代表幹事　髙橋 健太郎

我が国は超高齢社会を迎え、労働力人口の減少、医療・介護人材の減少、社会保障費の増大など様々な課題があります。「人生100年時代」と言われる今、誰もがより長く元気に活躍できる社会の実現が重要になります。そのような中、当会議の会員である青木様が自らの生き方を通じて、「一人でも多くのみなさんに『生きがい』を持って健康な身体で『高齢生活』を楽しく過ごしてほしい」という思いから〝「老い方」道しるべ85歳現役健康推進員の提言〟をここに出版されましたこと、心より敬意を表する次第です。

当会議としても「人生楽しくイキイキ生ききる」をテーマに誰もが「自分らしく暮らし続ける」ことや「よく生き抜く」ことをみんなで支えるための地域社会の創造を目指して

活動しており、青木様の生き方や健康づくりのための提案は、まさに誰もが自分らしく、こころもからだも健やかに暮らすためのヒントになると思います。この本を通じて、皆様が歳を重ねる中でどのように生ききりたいか考えるきっかけになれば幸甚です。

目　次

第2章　きらりと光るものを！　49

第5章　スポーツへの目覚め　129

第6章　生きがいづくりに投資　149

第7章　ワクワク　ドキドキ　忘れずに ── 169

第8章　大切な一歩一歩の積み重ね ── 189

第9章　好きなことに没頭

第10章　努力の先にご褒美 247

第11章　第二の人生華やかに　265

第12章　成熟を楽しむ　277

第1章　朝は必ずやってくる

1、気がつけば独りぼっち

1980年（昭和55年）ころの我が家は、筆者夫婦と子ども4人、そして、両親の1世帯・8人で生活していた。これはこの地域では一、二を競う大世帯の方で、当時は3世代が同じ屋根の下で暮らすことを誇りに思うと同時に、これがごく当たり前のように感じていた時代でもあった。しかし、時が流れて20年後には、両親に続いて1999年（平成11年）1月、かけがえのない妻が悪性腫瘍により52歳の若さで他界。要である妻亡き後の心の空洞はあまりにも大きく、その存在の大きさを痛感し、寂しくて辛い日々を過ごすことになった。

また、子どもたちはそれぞれに順次、独り立ちして、自分の道を歩み始め、以前の3世代同居は夢のまた夢となり、ふと気がつけば家に残った筆者は、58歳で実質上独りぼっちの暮らしを余儀なくされていた。会社では曲がりなりにも管理職の一員としてその責任の一翼を担っていた。また、地域や家庭にあっては一家の世帯主としての立場にあることから、外見上、弱音は吐きたくない、との強い思いが手伝って気丈夫に振る舞い、感情を吐露することをひどくためらっていた。

でも筆者も人の子、これまでこのようなことを表に出して言ったことはなかったが、心底では妻を亡くして数か月間というもの、正直言って呆然自失、悲嘆に明け暮れたことは紛れもない事実だ。しかし、「寂しい」「悲しい」と嘆き悲しんでばかりいては、もう自分が自分でなくなってしまうのではないか、また、そのまま埋没してしまうのではないかと危惧した。一方で、悲しんでいる余裕など自分にはない、強く生きようと自分自身を鼓舞し続けた。自分が、自分をどうコントロールしていいのか分からない、途方に暮れるということはこういうことかと、ただ唇を噛み締め、正にがけっぷちに立たされた心境そのものであった。

2、へこたれたらあかん！

日野原重明さん監訳の『愛する人を亡くした時』（E・A・グロルマン編著、松田敬一訳、春秋社）では、死別の悲しみから人はどうやって立ち直るか、体験者の告白を通して伝えている。その中で、死別の喪失感を「配偶者が亡くなると、ともに生きていくべき現在を失う」と端的に表現している。同じように筆者の場合も、どう生きていけばよいのか、お先真っ暗の状態であった。

奥様に先立たれると、そのあとを追いたいという衝動にかられる人も少なくないと聞く。しかし、藤沢周平（1927年12月26日〜1997年1月26日・山形県鶴岡市出身）の作品、『三屋清左衛門残日録』（文春文庫）の最後の方で、隠居の身の主人公が、偶然、病に倒れた友人が歩く習練を始めた場面を目撃する。杖をついており、何度となく転びそうになるが歩くのを止めようとはしない。胸を波打たせて思う。「いよいよ死ぬその時までは、人間は与えられた命をいとおしみ、力を尽くして生き抜かねばならぬ」というくだりがあるが、筆者も同様、尊い命を大切にしたいという気持ちの方が強く、併せて、〝妻の分までも〟貪欲に生きなければならないとの想いが自分を奮い立たせた。

神様や仏様は、今、試しておられる。与えられた道をどう歩むのか見ておられる。筆者にしか歩むことのできない「オンリーワンの道」、知恵を絞り、努力するしか他に道はない。順風満帆ではとうてい得ることのできない、多くの試練を今筆者はいただいている。

「へこたれたらあかん！」

「自分のことは自分でしか守ってあげられない」

どこからか聞こえてくる。応援団の声が木霊《こだま》してくる。一方、窮地に立たされた時ほどのように振る舞うか、神様や仏様は見ておられるとの思いが強く、これまで以上に言動を慎み、正道を歩まねばならないと、自らにムチを当て手綱をしめる。そして、神仏は「自分が乗り越えられない『試練』は与えられない」。つまり筆者はこの逆境を必ず乗り越えて見せると心に誓うのであった。

3、夢中で走る

何が何だかよく訳が分からないままではあったが、「いつまでも続く夜はない。朝は必ずやってくる」……夜が明け、朝になると急いで会社に行き、机に座り、手早く事務的な処理をこなしたあと、現場に出向き、整理、整頓、清掃に目を配る。そして、従業員の健康状態を気遣いながら場内を回った。業務をこなしている間は悲しみを寄せ付けない、この間は喪失感を忘れさせてくれる唯一の救いの時間でもあり、また、気を紛らわせる貴重な時間帯となっていた。そうしたことから、悲しみを寄せ付けないために仕事に集中して、心に隙間を作らないように心掛け、余分なことなど一切考えないように努めた。禅宗の一派、曹洞宗《そうとうしゅう》の僧侶・枡野《ますの》俊明《しゅんみょう》さんは、「心配事の『先取り』などせず、『いま』『ここ』だけに集中しましょう」と説いており、「一息《いっそく》に生きる」という言葉がある。その一瞬を大事に丁寧に生きなさいということを知り、目の前のなすべきことに集中した。今から思えば、会社に対しては少し申し訳ないような話だと思っている。目を閉じるといつも妻のことを思い出す。立ち止まればつい余計なことを考えてしまい、また、悲しみがこみあげてくるといった具合だ。つかの間でも悲しみを近づけたくない、だから筆者は夢中になって走る。そんな心に安定がない日々がしばらくの間続いた。

特に、冬場など夜遅く家に帰ると、隣家は明かりが灯り、にぎやかに食卓を囲み、一家団らんの雰囲気と温かさが伝わってくる。それに対して、我が家の外灯はもちろん灯っていない、家は暗くて静まり返っているうえ、冷蔵庫のように冷えきっている。その中にポツンとひとり座っているとまた寂しさが込みあげてくる。仕事を追って夢中で走っている間は、気も紛れて余分なことなど考える余裕もないが、それが一旦止まると自動的に考えなくてもいいようなことまで考えるようになってしまう。

「答えのある問題なら悩む必要はありません。答えのない悩みなら悩んでもムダです」米映画『セブン・イヤーズ・イン・チベット』（1997年）。劇中に登場する若き日のダライ・ラマのセリフが頭をよぎる。また、達磨大師は洞窟の壁に向かい無言で9年間、座禅を組んだと伝わる。この故事から長く一心に努力する事を「面壁《めんぺき》9年」というようだ。

4、これ以上悲しい思いさせたくない

話し相手がいないと食事をしていても何の味も感じない、何を食べてもおいしくないという毎日を過ごしていて、数か月間、真っ暗闇の中をただ独りぼっちで我武者羅に走り続けていたという感じで、無茶苦茶な生活が続いた。この地方では、還暦を迎えると、節分に有志が揃いの「赤いちゃんちゃんこ」を着て、「お伊勢参らばお多賀へまいれ、お伊勢お多賀の子でござる」と古くから言い伝わる多賀大社の拝殿で豆まきをする習わしがあるが、落ち込んでいた筆者にはこれに参加する気力などどこにもなかった。

しかし、悲しみも行き着くところまで行くと、岩盤のようなものに突き当たる。その時、「こんな生活をしていてはいけない」「このままではダメになる」と思うようになり我に返った。ネガティブになって、「何もできない」「何もしたくない」と投げやりになっていてはダメだと思うようになっていた。やはり、辛くても自分の気力が回復していき、自ら

が前に進んでいる様子を感じることができれば、気持ち的に明るくなっていくに違いないと、確信めいたものが自分の心の中に芽生えてきていた。そして、「前に進むためには何をしたらいいのか？」「生きる気力をどう取り戻していけばよいのか？」もう一人の自分と自問自答を繰り返す日々が続き、「自分が決めなければ自分が強くなれない」と、自分に攻め寄った。

人間には「運命」と「宿命」がある。宿命は最初から決まっていて変えるのは難しい。でも運命は人との出会いで変わっていく。「明日は今日よりも良くなる」を信じて、自分の特性をプラスに変えて、「これからの自分」を次第に考えるようになっていた。妻はこのような筆者を今どんな思いで見ているだろうか？　いつまでも悲しんでばかりいては、亡き妻も心配して成仏できないだろうし、子どもたちに対しても申し訳ない。また、妻にこれ以上悲しい思いをさせたくないという思いとともに、妻に心配をかけないのが、彼女に対しての最大の供養だということに気づき、気持ちの持ち方の方向転換が徐々にできるようになり始めてきていた。

5、逆境をバネに

「逆境のあいだに力を蓄えよ」との天の声に勇気づけられる。月日の経過とともに、当初の極限とも言える戸惑いも次第に和らぎ、平常心を取り戻し、気持ちも穏やかになって、その日一日を全力で生きること……。それが自分自身はもちろん、周囲の人をも巻き込んで、幸せな一年を送る秘訣だと思えるようになっていた。また、気持ちが前に向いていれば、何かに取り組むこともできるだろうし、新たにこういうこともできるのだと、自分自身を鼓舞できるのではないかと考えた。仮に、長年夫婦仲睦まじく連れ添っていたとしても、その数年後か、数十年後かには相手の世話をしたり、世話をしてもらったりしながら介護の時を過ごすことになるのではないか。いつかはみんな独りになって、そして、寿命が来たらあの世に旅立っていく。その時期が少し早く到来したのだと思えばいいのではないかと、開き直り自分自身を諭す。

要するに、このような状況をまずは自分の中に受け入れ、その上で自分の身の丈に合った歩幅で、少しずつ歩むしか他に道はない。慌てず騒がず、冷静に最善の策を考えるしかない、前進するしかないと、自分自身に言い聞かせ続けた。また、気持ちが前向きになると、身体もしっかりしてくる。正に精神と肉体は一体であることを如実に実感する。これまで3世代が同居し、おじいちゃん、おじいちゃんと子どもや孫たちから慕われ、孫たちの世話をしたり、遊び相手となって暮らしたりする日をずっと夢見てきた。孫たちといっしょに日々を過ごし、その成長を楽しみに見守って生活することが、確かに幸せなことかもしれない。しかし、この独り暮らしという現実の中で、もうその夢がかなわなくなった今、一人の人間として、今後どのように生きていけばよいのか？　自分自身に問い続けた。そして「幸福」は他人と比べるものではなく、「幸福」の基準は常に自分の心の中にあるのではないかと思えるようになってきた。

そこで、人間は何のために生まれてきたのか？　その原点を改めて考えるようにもなっていた。お釈迦さまの「天上天下唯我独尊」という誕生宣言で明らかにされているように、人間は独りにして尊ばれる命を持って生まれてきている。そこで人間が、何のために何処に向かって生きていったらよいのか？　そのテーマについて自分との葛藤《かっとう》の日々が続き、一日という日をとても長く感じることも少なくなかった。

そうした中、人間を続けていく上で、何事にも前向きに取り組み、常に「ポジティブ・シンキング」を心がけることが必要だと考えるようになった。また、問題に対して正解を探すのではなく、納得のいく答えを考え出すことが重要だと思い始めた。「正解主義」ではなく、まずやってみて、それから無限に修正を繰り返していく「修正主義」を大切にしたいという考えが、心の中で主導権を握るようになっていた。まさに「トライ、アンド、エラー、アンド、トライ」である。

同時に、せっかく与えられた大切な人生、いかに自分らしく、「旺盛な創作意欲を持って、何かに打ち込む時間を持とう」「苦しさをはるかに上回る楽しさや喜びを持とう」「夢や愛、希望を持つことがその実現につながる」といつの間にか自然に考えられるようになっていた。「思いが人生をつくる」。その人が思い描き、求めている方向へ、知らず知らずの間に道は開けていくものだ。すなわち、一心に思い、願いを込めて日常生活を送っていると、その願いがおのずと叶う。友人から聞いたこの言葉が、我が心を励まし、我が心を勇気づけた。一方、子どもたちにもそれぞれの生活や歩む道がある。周りに頼るわけにはいかない。ここは「やはり自立自活の道を選ぶしか他に方法はない」と、自分に言い聞かせ腹をくくる。「我の道 これ以外には 他になし」である。幸い健康な身体と心がここにある。与えられているものに気づいて幸せを感じられれば、視点が変わるかもしれない。階段を上がるのはそれからでも遅くはない。

今や男性の平均寿命は80歳を超え、女性は87歳に近づいた。人生50年の時代に比べると、30年以上も長命になったことになる。この間、福祉などの面においては、いろいろ対策が打ち出され急速に進歩を遂げているが、その30余年を健康で人間らしく充実した日々を送るための生き方や、人生観なるものが形成されたかというと疑問を抱かざるを得ない。自分自身が何も目標を持たずに、ただいたずらにずるずると月日だけが過ぎて行く生活を送っていると、潤いも希望も、そして感動もない「無味乾燥」の余生だけが待ち受けているのではないか？　これではせっかくの一度きりの人生、あまりにももったいないという以外、外に言葉が見つからない。そこで、身内に頼らず、一人で生きる高齢者のための新しい生き方、すなわち、「自分の人生観」らしきものを自らが高齢者の一員として、高齢化の波にもまれ晒す中、破天荒な道を模索し、試行錯誤を繰り返しながら、今、社会が求めている『「老い方」道しるべ』を生み出していこう、今ある自分はその時を乗り越えてきたからこそ、という思いはさらに大きく膨らみ、逆に自らを勇気づけることができるようになっていた。一般的に「孤独」という言葉は、「独りぼっちで何かどことなく暗く寂しい」というイメージを抱きがちだ。しかし、独り（孤独）になると、朝、目を覚ました時から夜眠る時まで全て自分ひとりで考え、判断して生きなければならないという自覚が生まれ、腹がすわる。そして、真っ暗闇にただ独りぽつんと放り出された自分は自問自答を常に繰り返す。そうした中に「核融合」ではないけれど、これまで全く考えたこともない、想像を絶するような大きなエネルギー、すなわち「孤独の力」とでも言うべきパワーを、与えてもらえるようになってきていた自分に、自分自身も驚きを隠せない。

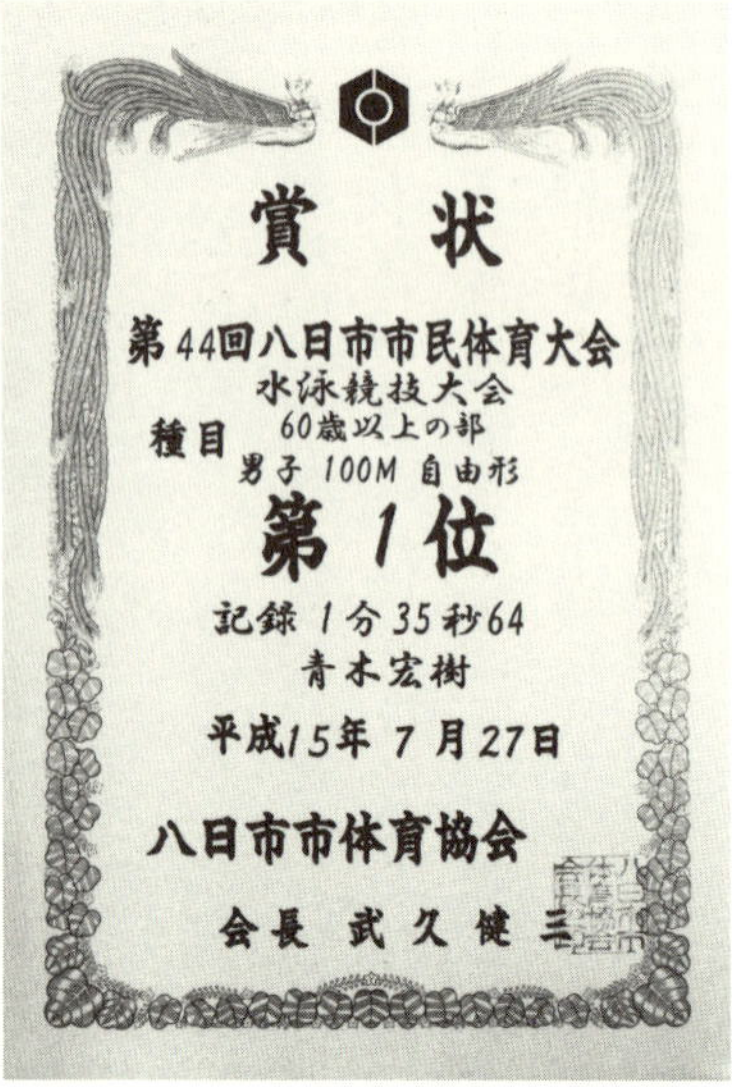
賞状
第44回八日市市市民体育大会
水泳競技大会
60歳以上の部
種目 男子100M 自由形
第1位
記録 1分35秒64
青木宏樹
平成15年7月27日
八日市市体育協会
会長 武久健三

前年の2003年には自由形にて優勝

２００４年（平成16年）７月、第45回八日市市市民体育大会（60～69歳の部）男子25メートルバタフライで20秒82（大会新）で第１位。

6、自分に何ができるのか？

　このような環境の中に生かされていて、これまで家族や地域をはじめ、多くの皆さんのお世話になり、また多くの人々に支えていただいてきたからこそ、ここまで成長させてもらったと感謝の思いが自然とあふれてくる。その一つが人とのつながりだ。そして、同時に今日の筆者があるのは、これまでいただいてきた多くのご恩のお陰であることは紛れもない事実であり、それに対し、些少なりとも報いなければならないという思いも次第に湧きあがってきた。

「自分の歩む道を決めるのは自分しかいない」「人生の主人公は自分自身」という熱いマグマが、自分の胸の深奥で次第に活動を活発化させていった。言ってみれば暗闇の中にかすかではあるが、一点の光明、「人生のテーマ（役割）のようなもの」を見出していた。

老少不定《ろうしょうふじょう》（人の寿命はわからないもので、老人だから先に死ぬ、若いからあとで死ぬとは限らないこと)。散る桜 残る桜も 散る桜(良寛)。私たちは明日どういうことが起こるか分からないという無常の世を生き、限りある命を生かせてもらっている身である。しかし、自分に与えられた人生の課題、ミッション(使命)は何であるのか? また、自分は世のため人のために何ができるのか? 自分自身に詰問し、自分を奮い立たせた。

ある日の新聞コラム欄で次の一文が目にとまった。

(中略)大学時代に師事したH先生は、試験を前にした最後の授業で「何を出題するか今から教えます」と言って学生たちを大いに喜ばせた。
「いいですか。こんな問題です。『今年一年この講義で学んだことの中から自分で問題をつくり自ら解答せよ』…これだけです」。後日、先生は研究室でパイプをくゆらせながら、こう語ってくれた。
「結局いい研究ができるかどうかは、どれだけいい問題を自分で見つけられるかなのです。何をどう問うのか。それに尽きるのです」(後略)

(中日新聞2014年1月24日中日春秋)

その時、これは人の生き方にも置き換えることができると直感した。自分をどう向上させるのかは、どれだけいい目標や課題を自分で見つけられるか？「自ら問うべきテーマを考える」だと気づいた。同時に、向上は個人のレベルを世界標準に近づける努力をどれだけしたかどうかで決まるとも。

7、問われるべきは「どう生きたか？」

ここに来て、筆者が原因で妻の死を早めたのではないかという罪の意識が大きく働き、懺悔《ざんげ》（自分の以前の行いが悪いことだったと気づき、それを悔いて神仏に告白する）とともに、先立った妻の寿命分までも日々健康に留意して生き続けなければならない、という責任感にも似たものを意識し始めた。同時に、親として子どもたちに十分なことをしてやれなかったことへの反省と、その償い分も合わせて、人生の使命をしっかり果たしたいという思いを強く抱くようになってきていた。

また、人が一生を終える時、社会一般に名誉とか、地位を重視し、先生をした、議員をした、社長をしたという職、すなわち名誉や形を尊ぶ風潮が強い。そうした中、筆者自身、一時期、確かにこの形にこだわっていたことも事実でそこは否めない。しかし、次第にそればかりが人生ではない、もっと違う目標を掲げて歩むのもひとつの人生であることに気づいた。それは、「一人の人間として、どのようなポリシーを持って、どのように生きてきたのかという基本的なものが問われるべきだ」、と考えるようになり、遅きに失した感はあるが、気づかせてもらえた。そして、自分が自分らしく生きるためにも、我が人生、「一生燃焼」の心意気を持って歩み続けたいと天を仰ぐ。

豊かな人生は豊かな経験によって形づくられていく。さまざまな経験をしていくと、「世の中はこうやって回っているんだな」とその仕組みが分かってくる。すると不安が減る。挫折も失敗も過度に怖がることなく、むしろ噛みしめ味わって、豊かな人生を送っていくための糧にしたい。ところで、古傷にあえて触れるつもりはないが、己の未熟さをも顧みず、「企業で培った経営的感覚を行政にも導入したい」との熱い一心で、家族の反対を押し切り、地域を巻き込んで出馬した町長選挙、僅差で涙を呑むも、今となっては、あれもこれもかけがえのない財産であり、欠かすことのできない、筆者を奮い立たせるエネルギーのひとつになっていることも確かだ。じっくりと自分と向き合って、自分の心の声を聴くことが、自分のことをもっとよく知るための秘訣だ。奇跡の連続で人は生かされているように思い始めた。

２０１１年（平成23年）の65歳以上の高齢者は、前年比24万人増の２９８０万人、総人口に占める割合は０・２ポイント増の23・３％となり、ともに過去最高を更新したことが敬老の日を前にした総務省の推計で分かった。男女別の高齢者の数は、男性が１２７３万人で男性人口の20・５％、女性が１７０７万人で女性人口の26・０％。男女を含めた80歳以上は、昨年から38万人増え、８６６万人。また、日本の１００歳以上の高齢者が４万７７５６人に上り、人数は20年前の10倍以上。しかも、現役の医師や詩人、友禅師、笛の奏者、商店主など多士済々。

8、現役卒業後どう生きるか？

人生50年の時代が長く続いた日本は、食生活の充実や医学の進歩、そして、環境などの改善が進んだことから、今や人生80年、いや90年と言われる夢のような時代が到来しており、それぞれの人生を自らが設計して、自分がどう生きたいのか？　自分の思いを活かして、「自分らしく生きる」ことが求められている。今日では、その人の考え方や思い方次第で、右にでも左にでも進路を大きく切り開くことができ、自分らしい「第二の人生」が可能になってきている。反面、人生が90年と言われても、その人生設計をどのように組み立てていけばいいのか？　まったく分からなく戸惑っている人も多く、中には現役卒業後の長い期間を持て余している人が大勢いると聞いている。長い高齢生活をどのように生きるかは、現在の日本人、いや世界中の人にとって大変重要な課題のひとつであることは紛れもない事実だ。

高齢化が急速に進展する我が国、日本。２０３０年には75歳以上の後期高齢者が５人に1人の超高齢社会を迎えるという中にあって、定年退職や定年を目前に控えた人たちに、「退職したら一番やりたいことは何か？」と尋ねた時、明確な答えが返ってくる例は少ないという。現役卒業後の20年～30余年という長い期間、どのように生きていったらよいか分からない。職場以外での人間関係が希薄な人に悩みを抱えている例が多く、何をどうすればよいか分からない、外に出るのが面倒だとの声も多い。また、定年退職で肩書きが外れ、社会的役割を失ったことで、生きがいをなくし、うつ病になる人が増えていると聞く。

同年代の仲間が寄ると「お前、毎日何してるのや？」から始まって、ぼつぼつ毎日の行動や時間の過ごし方について具体的な話が出てくる。A君は、朝1時間ばかり散歩をして食事の後、新聞に一通り目を通す。それからの目標がなく、何をしようかといつも時間を持て余すという。この話はまだいい方で、極端な例はB君のように「朝、目を覚まして、今日は一日何をしようかと思うことが一番辛い」という話もある。

ある時、ネットで検索をしていたらこんな悩み相談が目に留まった。

「退職後の過ごし方が全く分かりません。ずっと仕事一筋でやってきたので、何をして過ごしていいかも分かりません。友人もいないので何もすることがありません。退職前は体重が62キロだったのに、この半年で70キロを超えてしまいました。退職後、皆さんはどうやって毎日を過ごしていますか？」（Cさん）

「母や姑は、退職した後も畑仕事やお寺の行事、自治会の仕事などして結構忙しい毎日でした。はて？　私はと考えると、全くそういう仕事がないのです。友人も同じことを考えてため息をついています。いったい私は何をして過ごすのか？　急に不安になりました。シニア、シルバーの皆さんで畑などされていない方は、どんな毎日を送っておられますか？　教えてください！」（Dさん）

9、支える側に回りたい

正直言って、これら素朴ともとれる悩みや相談を見てから、機会あるごとに他にもいろいろ調べてみた。Cさんや Dさんと同じような悩みや不安、そして、疑問を抱いている人が意外に多いのに驚いた。「起きたけど 寝るまで特に 用はなし」「ごめんねと すみませんとで日が過ぎる」など、目標を持たない高齢生活の実態を如実に物語るユーモアな川柳もあるくらいだ。急速な勢いで少子高齢化が進む中、大きな社会問題のひとつに、近い将来に予測されている労働力不足があげられる。そうした時、老いても年齢に関係なく楽しく生きるための「生きがい」を自ら見つけ出しデザインすることが最も必要なことだと思う。自分には何ができるのかをよく考え、これまでの経験や趣味など、得意な分野で毎日希望を持って楽しく暮らし、社会を支える側に回りたいものだ。

高齢者も社会を支える側に回って、自身の経験や能力、そして、体力などに応じた職を見つけ、働き続けることが健康長寿につながると声を大にして啓発し、その誘導を図るべきだろう。個人事業主を始め、企業や組織、団体など雇用する側も、受け皿としての理解が得られるなどの条件が整えば、年を取ると無理の利かない身体になる。そこで、「年寄り半日仕事」という言葉通り、２人で１人分、３人で１人分の業務だってよいと思う。当事者は「私も社会のために役立っている」「仕事を任されることで社会とのつながりを感じる」という生きがいを持つだろうし、雇用する側は「高齢者の積極的雇用」を図ることで社会的役割を果たしたと、社会全体での好循環を生み出すことになる。

シルバー人材センターでは、「何ができるか?」「どんな仕事があるか?」を紹介するイキイキ相談会など開催しているので、健康で働く意欲のある方、地域に貢献したいと思われる方は、これを活用するのも一方策と考える。精神的にも「生涯現役」の気持ちを持ってイキイキと暮らし、前向きに仕事や趣味、ボランティア活動などにチャレンジしたい。そうすることは、人のため社会のためにもなり、「生きがいが元気の源」と言われるように、その人にとっては生きがいにつながるのではないだろうか。

百寿者を対象にしたいろんな調査を見ても、70代まで仕事を続けた人が最も多く、100歳になっても畑仕事や店番、アパートの管理など、できる範囲で仕事を続けている人が少なくない。老化は単なる年齢の積み重ねではなく、心のあり方と生き方次第でその進行に大きく影響する。

「自分の身体は自分が守る」という強い意志のもと、長寿を喜べる環境を構築しながら、一世紀百年の人生を健康で、持てる能力を最大限に活用して生きる。これが、豊かな長寿社会を歩む私たちに与えられた特典であるとともに、ひとつの大きな社会的使命といえる。元気で長寿を享受すると同時に、年をとっても元気で「何か人や地域のために役立つ」社会参加をしたい。そして、健康を維持しながら、社会を支える側の一員としてずっと歩み続けたいと願うのは筆者ひとりではないはずだと信じている。

10、人生のフィニッシュ生き生きと

毎日が同じことの繰り返しで過ぎていく。「こんなことでいいのだろうか?」と、多くの人が疑問を抱いている。そんな中、今ようやくという感じではあるが、自分なりに「生きている意味」を持って、毎日、毎月、毎年きちっとした目標を持って、生活できることにとても満足し、併せて充実した日々が送れることを心から感謝している。一例を紹介すると、朝、目が覚めると1日の予定をメモ書きする、これが習慣になっている。あれして、これして、あれをする……。同時に頭の中にも描いていく。イメージして想像を巡らすことで、必要な準備がより具体的になる。それに従って1日の行動が前に進む。ごく自然に、次にやることがある。次に行くところがある。次第に頭と身体が連動して動く。小さなことであるが、これも認知症予防のひとつだと自分に言い聞かせている。

自分の人生の目標や夢に向かって楽しくかつ忙しく駆け回る日々、すなわち1日、1週間、1か月、1か年と継続して大きな波、小さな波がうねるかのように、リズミカルに回る生活を模索、実践したい。「健康で楽しい高齢生活」を提案することによって、多くの人が抱えている悩みや不安、そして疑問に対して少しでも応えていきたい。筆者自身が中高年齢者のお手本となり、微力ながら社会貢献したいという思いに一層拍車がかかる。また、きっとお役に立てるはずだと、ペンを執る手にも熱意がこもる。現役引退後の20〜30余年間をどのように過ごしていくのかによって、その人の人生のフィニッシュともいうべきものは大きく変わってくる。生きることとは、誰の人生が一番素晴らしいかを競うレースではなく、いかに自分らしく、とことん楽しむかに尽きる。これはこれまでにもいろいろな人の生きざまを目の当たりにして、つくづく感じてきたことでもある。先は何も見えなかったけれど、今にしてようやっとという感じだ。

生まれて子どもから青年、青年から成人、働き盛りの丘を越えて、年が経てばいつかはみんな等しく年老いていく、そして亡くなる、というプロセスを多くの人が分かっているようで、あまり分かっていないのではないかと思う時がある。というよりも、現役で働き盛りの時、企業や役所などで責任ある立場にあり、日々仕事に追われる。同時に、家庭においては大黒柱として、家族のことや地域社会のこと、そして友達や親戚づきあいのことで横を向いている暇もない。その日その日が戦場で、何十年も先のことまで考えている余裕など、とても持てないというのが偽らない現実の姿なのかも知れない。

しかし、そのことをよく考えれば考えるほど、人生のフィニッシュともいうべき、人生で最も大切な現役引退後の20～30余年の間。この貴重な期間を燃える精神の炎とともに多くの夢を持ち続け、生き生きと輝きながら、水平線に沈みゆくあの太陽のごとく送りたいと願うのは誰もが夢見るところだ。そうした中に、「人生は自分で創っているんだ！」という感覚が自ずと湧き上がってくるものだ。

世の中にはいろいろな人がいて、いろいろな考えがあり、辛い経験や楽しい経験も全部ひっくるめて、それが生きるということなんだという認識のもと、世間一般に言われる前例踏襲の考えは捨てて、ちょっとでも興味があることにはとにかくやってみる、それだけでいい。「無駄じゃないか」と思いながらでもやってみる。人生を重層化するための冒険の旅だと思えばいい。今の自分をありのまま受け入れて「自分の人生は自分で創っていく」「自分の道は自分で切り開く」と覚悟し、実践していくしかない。

では、この現役引退後、20～30余年の年月を、健やかに生き生きと輝きながら送るには、また、いつまでも元気で社会参加するためには、日頃どのような心掛けのもと歩めばよいのであろうか？　その点を私見ではあるが、以下に提案してみようと思う。まず、考えられる基本は、目標をきちんと持って計画的に日々生活していくことだ。計画的に生活していくのと、そうでないのとでは一日一日の過ごし方や楽しみ方、そして、充実感とそのボリュームに雲泥の差が生じることは周知の事実だ。

端的に言って、大きな目標をきちんと持つことが第一だ。また、それを実現するための中程度の目標、それを補完する小さな目標を持つことが、当然大きな目標実現への道標となる。それと心の健康と肉体的健康を維持継続するための工夫と、その工夫のたゆまぬ日々の積み重ねではないだろうか？　とりわけ、やり続けることが自信になり、また、新たな夢を育んでくれる。ひいては大きな力を生み出してくれると確信している。

第2章　きらりと光るものを！

1、歳を重ねただけで人は老いない

筆者が常々考えていることは、健康な状態を維持継続していくためには、何をどう心掛ければよいのか、また、それをどう実践に移せばよいのかということだ。そんな中で第一に考えていることは、何かにつけて「もう年だから」とあきらめないことだ。そして、「でも、だって、どうせ」という否定的な〝3D言葉〟、これでは楽しい人生は拓けない。やはり「生きがい」を持って毎日を過ごそうと意識するだけでもグッと若返る。そうすると毎日が楽しくなると信じている。要は「老いを楽しむ」ことだ。老いを楽しむためには、老いをどのようにとらえるかという心の持ち方でいろいろ変わる。特に、70歳半ばともなれば、さまざまな部分で身体機能がくたびれ、徐々に衰えていく過程を迎える、と言っても決して言い過ぎではない。視力、聴力、脚力、全体的な体力が、年々知らず知らずの間に衰えていく。そうした中でややもすると、元気な機能よりも衰え弱くなっていく機能の方に目がいってしまいやすく、「耳が遠くなった」と嘆き、ついつい愚痴をこぼすようになるのが多くの人のパターンだ。

しかし、それらを前向きにとらえ、残っている機能に注目して、「耳は遠くなったが、目はよく見えるのでありがたい」と感謝の気持ちを持ちたい。目は良い耳は悪いという状況でも、その現象をどう捉えるかの受け止め方によって、生き方が自ずと変わってくると考えている。心の持ち方は、病気の治り方にも大きく影響を与えると言われている。何事も前向きで肯定的な生き方をしたい。例えば、女性は男性の友達を、また、男性は女性の友達を誘い、いっしょにお茶を飲み、食事をするなど、老いても多くの夢を語り抱いて、ワクワク、ドキドキするような場面を多く創出して、その気分を楽しみ味わいたいものだ。

アメリカの詩人、サミュエル・ウルマンは、かの有名な「青春」の詩の中で「青春とは人生のある期間をいうのではなく心の様相をいう。年を重ねただけで人は老いない。理想を失ったときに初めて老いる」と謳っている。いつまでも若々しくあるためには、理想や希望、夢を持つことがいかに大切であるかを彼は言いたかったのであろう。

第二に考えていることは、漢方薬を含めた栄養補助食品的なものが多く出回っているが、これらに頼ることなく、栄養バランスを考えた適正な三度の食事をきちんと摂り「腹八分目」を意識する。その上で、どうしたら楽しくイキイキとした豊かな時間が過ごせるかを考え、ウォーキングやスイミングなど「有酸素運動」をはじめ、趣味を日々根気よく行うことである。そして、思いつくままに自分流の「徒然草《つれづれぐさ》」をメモ書きするなど、常日頃から身体や頭を惜しむことなく、こまめに動かす習慣を身に付け、これを継続して実践に移すことだ。

そのためには、いつでもどこでも気軽に即実行に移せる心の態勢と環境を整えておく必要がある。例えば、20分か30分程度だったらストレッチか謡曲、カラオケの練習や作文、30分~40分だったらウォーキング、60分以上だったらスポーツジムか水泳、また半日程度の時間があったらハイキングや絵画、といったように、あらかじめ時間に相応なメニューを頭の中に準備しておくなど、事前準備をしておくと次の動作に入りやすい。要するに、プロ野球選手のように毎日、毎日、自主トレーニングをするつもりで、身体や頭を自由に動かせるような場所、すぐにでも取り組める心の準備と環境を整えておくことが何よりも大切だろうと考えている。

2、最高の高齢生活

このように、とにかく常に身体をこまめに動かすことによって、心臓や呼吸器関係の改善・維持を図り、また、生きがいを持って考えたり、工夫することにより脳に仕事をさせ、脳の活性化を促すことにも努めている。さらには、「人は血管とともに老いる」とT主治医から常々聞かされていることから、機会を見つけては、手や足の指先、足裏などにまでも意を注ぎ、入念なマッサージを心がけ、末端の毛細血管の血行までも促している。併せて、筋肉や骨なども鍛えることにより、身体の内側からにじみ出るような健康体を作り上げたいと夢見ている。

貝原益軒（江戸時代の儒学者で本草学者）は『養生訓』の中の『流水とたまり水』で、「人の身体は時々運動をして手足を働かせよく歩き、同じ場所に長時間座らないようにすれば健康でいられるものだ。流水は腐らないが、たまり水は腐る。開き戸の開閉する軸の部分は虫が食わない」と述べている。つまり常に動いているものは悪くなりにくいということだ。「人は運動をし、手足を働かせ、よく歩いていると健康でいられる」、これは約300年前も今も変わることのない不変の真理と言えよう。

残された限りある期間（人生）では、「健康づくり」を人生の課題に掲げることにし、気づいたこと学んだことの中から、実践に移せるものは日常生活の中に即取り入れ、それを計画的に継続実施できるプログラムを作成する。そして、それを実行に移し「健康で楽しい高齢生活」を結果として生み出すことが、大きくは「社会貢献」にもつながり、筆者に与えられた人生の役割と心得、自分らしさをどこまでも追求しようと心に誓っている。最近時々思う。人間には生まれた時から、その人が果たさなければならない役割のようなものがあるように思えてならない。「健康づくり」、これが天から与えられた筆者のテーマであり、役割だと自覚しており、それを喜んで全うしていきたい。また、「人は類を持って集まる」とよく言われるが、不思議なもので筆者の周りでも、言わず語らず目標を同じくする者や、同じような趣味を持った仲間が自然と集まって来てくれるからうれしい。

このよき友やよき知人との巡り合わせは、願っていても誰もがそう容易にかなうものではない。それはやはり神様や仏様のご加護のお陰であり、また、「大願（大目標）を成就させるべく励みなさいよ」との天の声とありがたく受け止め、大きな支えとなり、励みになっていることに感謝している。他人から見れば、たわいない素朴な発想かも知れないが、「健康づくり」が現在の筆者の身の丈にあった、筆者にできる唯一の道と心得、仲間との共磨きの場を通じて「全ては学びである」と心得、気づくこと、教えられることを共に生かしている。これぞ「最高の高齢生活」と胸の張れる、この道を歩むことに生きがいを感じ、具体的なプランを立ててそれを実践に移していこうと決意を新たにしている。この生きがいこそが元気の源であることに間違いはない。そして、人間は何か目標があると、頑張る力が自然と湧いてくるものだ。

　併せて「一方では、人の命は儚いということも実感している」。親しく付き合っていた友人や身近な知人を亡くすのは誰にとっても辛く悲しいもの。訃報《ふほう》に接する度に、その波は次第に我が身の近くにまで押し寄せて来ているのではないか、と思っていた矢先のある時、10歳も年下の知人Sさんが他界したとの知らせを受け、その思いを一層強く抱くようになった。また健康な友人が癌《がん》になったと聞いては、「自分は大丈夫だろうか？」と、我が身を振り返らざるを得なくなっていた。頭の片隅では、残された時間は限られてきたとの思いが徐々に強くなり、毎日毎日、「今日という日は、『今』というこの時は二度と巡ってこない。だから一日一日を、『今』というこの時をより有効に、そして、大切に過ごしたい」という思いが、これまで以上に強くなって来ていることも事実だ。神道には「中今《なかいま》」という言葉がある。これは今直面する一瞬一瞬に全力を尽くすという意味だ。正に筆者は今そのような心境にいる。

3、自分らしい輝き前面に

「俺の人生は、これからや！」、どんな時でも精神面でワクワクするような楽しい気持ちを持ち続け、「自分の良さを活かす道を見つけよう」と、とりわけ得意な分野を思い浮かべては手繰り寄せ、実行に移し、明日への夢をさらに大きく膨らませる。同時に、このことを改めて自分自身にもう一度言い聞かせながら、一日一日を大切に送ろうと思っている。天からいただいたせっかくの限りある人生だから、これは大切にしなければ、神仏に申し訳ない。この人生のエンディングがいつかは分からないが、残された期間（年月）を今まで以上にもっと密度の濃いものにしていきたい。前例踏襲《ぜんれいとうしゅう》や人様の真似《まね》ではなく、誰も手がけていない私の道を、思いつかないようなことに少し拘《こだわ》って生きてみようと心に決めている。いつも懸命に努力しているという自負があれば、それが自信につながっていく。そのうち、春風が背中を押してくれることを夢みながら……。

地味で些細なことでも、後の人のために何か役に立つことに取り組もう。自分の人生に悔いを残さないためにも、的を絞って、否が応でも自分自身と向き合いやりたいことをきちっとやる。何も慌てることはない、「みんなの後ろからでもいいじゃないか、のっし、のっしとカメさんで行こう」、心の中のもう一人の自分にそう語りかけている。

最近、次のような話を聞き、その話と自分の人生を重ね合わせて考えることがあった。それは、オホーツクの海は、昔から「流氷が多い年は豊漁になる」と言われている。これは海面が結氷して生じた海氷が割れ、風や海流によって海を漂流する流氷についてくる植物性プランクトンが、太陽光線によって育ち、大増殖して海中に広がるためである。それを小さなお魚たちが食べて育ち、また、それを毛蟹、ニシン、ホタテ、カテリン（樺太ししゃも）など大きなお魚が食べて成長する。そのお魚を我々人間がいただくという自然界の構図になっているとは地元漁師さんの話である。

冬の醍醐味、北海道のオホーツク海の流氷を船上から楽しむ流氷見物、厚さ1メートルもの氷に覆われた大氷原を力強くバリバリ砕きながら進む「流氷クルーズ」は、毎年多くの観光客に好評を博している。しかし、流氷は大海原を何のあてもなく、ただ潮の流れや風任せで漂っているわけである。その夢のある風景の方が自然とマッチして、訪れる人の旅情を誘うのではないだろうか？

ところで超高齢社会を迎えて、筆者には時々この流氷が「何かというと集団で行動しようとする」高齢者のイメージと重なって映ることがある。「グランドゴルフ」と言えばみんなで「グランドゴルフ」、「旅行」と言えばみんなで「旅行」、それはそれで良いことではあると思うが、先に述べた流氷のようにみんなが集団で流されるのではなく、夜空に輝く星のように、それぞれがもう少し個人的に個性や特色を生かしてみたらどうかと考える。私は、「自分はこう言うこと（モノ）に興味がある。だからこれがやりたい」。私は、こんな経験をしてきたから「ぼくはそれを生かしていきたい」という、何か自分らしさを前面に出した考えや主張のようなものをきちんと持って、他人がどう思うかという「他人軸」ではなく、自分がこうしたいからこれをやる！　という「自分軸」で歩むべき方向や目標を見定めて、一日一日を大切に送るべきではないか。もっと自由な発想で、視点を変えれば生きやすくなると思っている。

4、人生の役割　見出す

もし、願いが叶うのであれば、「人生の締めくくり」として、老いと対峙《たいじ》しながら不屈の精神で、これまで長年培ってきた経験や趣味などの持ち味を生かしつつ高齢年代を大いに楽しみたい。例えば、テニスや卓球、手芸や絵画、軽やかにステップを踏んでのダンス。腹の底から声を出してのカラオケや詩吟、謡、コーラス、また、水泳やジョギング等、枚挙にいとまがない。同調しないで、「これがいい」と自分で決めること。散歩でもこっちへ曲がろうかと選ぶ癖をつける。そこでいい景色や光景に出合えたら幸福感が増すというように、何でもいい、要するに「人生の集大成」を各人が思い思いの衣装を身にまとって、個性味あふれるファッションショーでも演じるつもりで、夜空に輝く満天の星のように光り輝きたい。そして、人生のフィナーレを飾るにふさわしく、天の川をあふれんばかりに大行進すれば、お月様もきっと驚かれるに違いない。人の生き方には、100人寄れば100通りの生き方があると言われている。そこには画一的という言葉はなく、それぞれが自由に伸び伸びと生きる姿があり、それが社会を躍動させ、進化させる源になっているのではないかと思う。ある日、「自分に与えられた人生の役割とは何なのか？」「自分はどう生きたいのか？」自分自身に問いかけていた時、ある想いが浮かんだ。

日々を無駄なく計画的に過ごし、夜を迎えた時に「今日も充実した一日だった」と、振り返ることができるように時間を大切にしていこう！　一日一日、人生街道の一里塚を確認しながら、感謝の気持ちを忘れずに歩み続けて行こうと。それが亡き妻や父母、そしてご先祖様に報いる唯一の道だと気づかせてもらった。同時に、仕事や子育てを卒業してからいよいよ人生の最終コーナーを迎えるにあたり、これから先、命尽きるまで「生きがい」を持ち続け、果敢に生き、何か一つでもキラリと光る確かなものを生み出したい。その「生きがい」こそが元気を生む。目標を持って生活していると、毎日張りができて楽しくなること間違いない。そう思えるようになった時、一つの明かりを見つけることができた。もう慌てることはないと安堵の色が心に広がる。

幼年期からスポーツの道を歩み、その道で日々技や体力を鍛えてきたスポーツ選手（アスリート）と呼ばれる人以外の普通の人間でも、「どう生きたか？」という目的をきちっと持って、ただひたむきに長年継続してスポーツや運動に励んでいると、どのような精神や肉体が形成されていくのか？　また、高齢生活をどのように楽しく過ごすことができるのか？　という課題を背負った「人体実験」を企画立案、自らの心と身体を使って、日々生活の場でこれを根気よく実践し、結果を出してみようという途轍《とてつ》もない大きな夢を描く。「あきらめずにやり通せば成功しかありえない」という稲盛和夫さんの言葉にも励まされ勇気をもらう。

また、平櫛田中［1872年（明治5年）現在の岡山県井原市生まれ。彫刻家。井原市、福山市、小平市の名誉市民。亡くなった時点では男性長寿日本一の人物］の有名な言葉「いまやらねばいつできる　わしがやらねばたれがやる」の思いを強く抱く。

5、自分の足で立ち続ける

介護と医療それに年金、これらの社会保障費はここ数年毎年1兆円ずつ膨らんでいる。今後は、急激な高齢化の波とともに、これが1兆円では収まらなくなり、年々大幅な増額になると専門家は予測している。この1兆円をどのように捻出していこうか、と目先の財源確保ばかりに右往左往するのではなく、20年先、30年先と中長期的な展望に立って、その上で少し視点を変えて、この1兆円の増額分を何とか減額する方法はないものかに的を絞り、知恵を出し合うことの方が重要ではないだろうか？

医療費に例を見るならば、治療よりもまず予防に意を注ぐことは論を俟たない。さらには、予防よりも根本の「健康づくり」「生活習慣の改善」に対する国民の意識づけが大切だろう。併せて、その指導に力点を置いた教育、啓蒙啓発を徹底して推進し、国民の『健康づくり』への自覚を改めて促し、自分の足で長く立ち、歩くことができる高齢生活への誘導を図るべきだろう。

一方で、従業員の健康維持は企業成長の要だ。習慣的に運動している従業員もいる中、リモートワークの定着により「運動離れ」している人も増えている。運動不足が続くと、生活習慣が乱れ仕事のパフォーマンスやモチベーション低下につながる。従業員の健康状態をより良く保つことは経営者の責務ともいえる。

そこで、総合的な社会の仕組み作りとして誰もが元気で、日常生活を過ごせる社会実現に向けた道筋を定め、その目的達成のために国や県、市町村を始め、各種団体や企業等が一体となって、連携を保ちながら「国民であり、市民であり、従業員である人の健康」をキーワードに、あらゆる角度から指導助言を試みることが肝要となる。そうすれば、自ずと国民の一人ひとりが、「自分の身体は自分が守る」という観点からも、本気になって自らの「健康な身体づくり」「生活習慣の改善」に取り組み、自主的に生活基盤の改善やプログラムの策定に意を注ぐだろう。実施に向けた動きが活発化してくれば、生きがいを持って楽しみながら、日常のウォーキングやハイキングを始め、趣味やサークル、ボランティア活動等への積極的な参加も自然と加速するに違いない。

6、急げ「健康づくり計画」

「医療費の増加」と言う時、医療費総額を指すのか、個人の疾病で必要となる医療費を指すのか分けて考える必要がある。医療費増加の要因として、人口の高齢化や医療技術の進歩・普及などの議論が多いところだが、ここでは素人目でも分かりやすく単に医療費としておく。ここ数年医療費は年々増大し、市や町を始め、県や国の大きな予算が必要になっていることを考えれば、これを軽減するための方策を打ち立てなければならないだろう。

現状のままでは、国民にさらに負担がかかると同時に、医療費が増大するということは、それだけ病気やケガなどで、ある人は病床に伏し、またある人は家庭で養生などして、治療を受けている人が多いことを意味する。それを考えても、運動習慣の指導や健康な身体づくりに目を向けた施策が今すぐにでも必須であると言わざるを得ないと考える。すなわち国民一人ひとりに対して、現役引退後の20年~30余年の期間、健康で自立して日常生活を送るためには、小・中学生の若い時からどのような生活習慣を取り入れ、生活することが望ましいのかをこれまで以上に徹底して植え付けていくことが先決となる。

そして、その効果が現れた時、病気などによる入院、あるいは通院で、病院の待合室で時を過ごす人の数を減らすことに、大きく期待できるのではないかと考える。具体的には、大空のもとでウォーキングをはじめ、グランドゴルフやハイキングといったスポーツ等で、心地よい汗を流す人を増やすことができると思う。その結果、筆者は、日々自分の足で歩き、走り、楽しく時を過ごす人を増やすことができるとともに「健康寿命」を延ばすことができ、ひいては全体の医療費削減に貢献できるはずだと確信している。国としても、長期的展望のもと仮称「国民の健康づくり計画」を早急に作成し、これを国民の一人ひとりが、実施に移し、軌道に乗せることが喫緊の課題であろう。その計画実現の暁に、人生のエンディングを楽しく生き生きと、そして輝きながら過ごす人が増加することになるのではないだろうか。

そこで現状に目をやってみると、２０１０年（平成22年）の要介護者は３９３万人、介護費用は年間７兆４０００億円。これが15年後の２０２５年（令和７年）には要介護者は６４１万人、介護費用に至っては19兆円に膨れ上がるという試算も出ている。この傾向は今後も高齢化が進むに従い、急激な勢いで増大することが予測される。この打開策の検討についても急を要する課題のひとつだ。

ひとつの提案として、例えば「街の清掃作業に参加したら100円出します。みんなで参加して街をきれいにしましょう！」と、地域で奉仕会のようなものを組織して、各地でこうした社会運動を展開したとしよう。ややもすると家の中に閉じこもりがちな高齢者がこの呼びかけに応じて参加することになれば、その多くは、自分の身体を動かす機会や場所を得ることができたと喜びを実感するだろう。また、それが街の清掃作業という社会を良くするお手伝いにつながるとなれば、「人様のお役に立つことができた」「社会とのつながりや自尊心を保つことができた」という充実感も大きいだろう。何よりも自らの健康づくりに連動することを喜ぶに違いない。

裏を返せば、それぞれの個人差こそあれ、この施策が介護を要しない人づくり、社会づくりに一役買うことは疑いない。また、「老人漂流社会」を作らないためにも声を大にして呼びかけたい。こうした運動は友から友へ、仲間から仲間へと口コミで広がり、その波及効果は計り知れないものがある。このような施策を打ち出し、各地で推進のための運動を展開することは、要介護予備軍の人たちをも介護を要しない人のグループに引き寄せる魔力を発揮する。そして潜在的な労働力、すなわち人材を掘り起こすきっかけにもなって、全体の医療や介護の費用を大幅に削減させる効果と併せて、正に一石三鳥ということになるのではないだろうか。

7、令和の「三方よし」

まずは「自分のことは自分がする」。すなわち、高齢者が自立して日常生活を安全に送る、できるだけ他人の援助や保護を受けずに自分の力で生活する、「自立・自活高齢者層」を増やしていくことを考えていこう。例えば大自然の中でグランドゴルフやウォーキング、ハイキングなどを楽しみながら高齢生活をエンジョイする人が増加していけば、介護や医療のお世話にならなくても済む人たちが多くなり、その経費を大幅に軽減するシステムが社会の中に自然と形成できるのではないだろうかと提案したい。ここに「本人よし、家族よし、社会よし」の「令和の三方よし」を構築することができる。関係者は１日も早くこの手法に気づき、実現に向けて知恵を絞り、多くの汗を流してほしい。

生活環境の改善や医療技術の進歩等により平均寿命が延び、人生80年時代が現実のものとなっている。一方、がん、心疾患、脳血管疾患などの生活習慣病が増加していることも見逃してはならない。

先の「2012年の日本人の平均寿命」の中でも、滋賀県の女性の「健康寿命」が全国で最下位という調査結果が報告されており、年齢を重ねても健康で暮らせる社会の実現がより身近な課題となっている。滋賀県では、県民のみんなが身体も心も元気で、生き生きと暮らせる社会をつくるために「健康寿命をのばそう！　プロジェクト」を推し進めている。

（滋賀県広報誌2014年〔平成26年〕7・8月号参照）

８、運動部で心身鍛えよう

　ところで、最大離陸重量５４０トンもある超大型ジェット旅客機は、３０００～４００0メートルという長い滑走路をエンジン全開に近づけ、助走して徐々に力をつける。そして、やっとの思いで大きな図体を大空にふんわりと舞い上がらせることはすでにご承知の通りだ。人間も同様に、若い頃から「自らの健康づくり」に目覚め、日々運動習慣を積み重ねて、その時（定年後）に備える心構えが必要になることは言うまでもない。定年間際になって、急にスポーツジムに通ったり、ジョギングを始めたという人の話はよく耳にするが、中には三日坊主で終わったり、１、２年続いたとしても、「そう簡単に成果が表れるものではない」と棒を折る人も多いと聞く。また、急激に運動をすることによる弊害も少なくないようだ。

　その弊害を回避する対応策の一つとして、青年時代から一人ひとりが自らの健康を意識した生活習慣を確立させ、現役引退後も元気に楽しく生活できる習慣や、病院にお世話にならなくても良い「身体づくり」を見据えた日々の生活を組み立てるべきだろうと考えている。また、それを実践することの重要性を小学校や中学校の義務教育の段階から、きちんと植え付ける教育が最も大きな鍵になるのではないだろうか。

例えば、健康な心と身体づくりを目指して、学校の運動クラブに入り、日々の練習や活動を通じて、学友とともに心地よい汗を流し、健全な身体と精神をともに鍛えよう。そして、青春の良き思い出を創ろう！　と、口を酸っぱくして生徒や保護者に呼びかけ、生徒の運動クラブ入部率を上げ、学校全体の元気を一層盛り立てていく。これがひいては、心身ともに健康な人材を社会に送り出す、あるいは生涯にわたって日常運動する習慣や、精神を培う学校としての重要な役割を果たすことになる。奇しくも、この提案を後押ししてくれる文部科学省の発表があるので紹介する。

２０１０年度体力調査で、文部科学省が、体育の日に合わせて公表した「体力・運動能力調査」では、20～64歳の成年について、学校時代の運動部での活動経験と体力・運動能力との関連も分析した。中学・高校で運動部での活動を経験した人は、経験しなかった人に比べて、最大で20歳ほど若い人と同じ程度の体力があることが分かった。体力テストの合計点（60点満点）の平均値は、男子は40～44歳の中学・高校の運動部経験者（35・85点）が、25～29歳の未経験者（35・43点）を上回った。また、女子も45～49歳の中学・高校の運動部経験者（36・17点）が20～24歳の未経験者（34・67点）より高かった。文科省は「継続的な学校時代の運動部での経験が、その後の運動、スポーツ習慣につながり、生涯にわたって高い水準の体力を維持するためには重要だ」と分析している。

9、「人体実験」発想と導入

筆者は、これまで健康について、人一倍拘《こだわ》って生きてきた一人だが、今後もこの気持ちを堅持していくという思いには一切の揺るぎはない。超高齢化の波が打ち寄せる中、ちょうど２０００年（平成12年）還暦を過ぎた頃、一度限りの人生を大切に過ごしたい。そして、人にどう思われるかではなく、自分自身の「心の声」を大切にして、自分の歩む道をより豊かなものにしたい、という欲張った思いから、その目標達成のために自らの身体を実験台にした「スポーツ＋趣味プログラム」を策定し、地道にそのプログラムを日々実践に移すことにした。自分が作成したプログラムに基づいて生活を長年継続していると、どのような精神と肉体が形成されていくのかについて自らも大いに興味を持ち楽しみながら、残り少ない人生をかけた一大プロジェクト「人体実験」、発想と導入の決意を密かに固めたのであった。

日々、試行錯誤を繰り返しながら実施するこの「人体実験」から、どのような成果が得られるのかを自分自身も楽しみに見守っていく。同時に、健康で「高齢生活」を営むためには、高齢期に入る前の段階、すなわち、青年期の頃から健康について、日々何を目標にして生活し、生活習慣をどのように組み立て人生を歩み続ければよいのかを自問自答し、自分と対話しながら生活して行く。そして、筆者は「青木流」の考え方や生き方、その手法を実践していく中で、我が人生の総括をするとともに、我が人生のミッション（使命）を果たそうという遠大な構想を掲げている。そこには「社会貢献」できるとの思いも大きく光る。

具体的に言えば、日頃より規則正しい生活を送ることに努め、そこに無理なく自然にできる心がけ、すなわち1日24時間（１４４０分）の内1時間30分（90分、全体の6・

25％）を、ちょっと工夫したストレッチとウォーキングなどを中心に実施して、そこに年間５大目標を織り込んだ週間スケジュールを作成、これを楽しく日々こなしていく。惜しみない身のこなしを丁寧に日々積み重ねていき、イキイキとした人生を送る。長年継続していれば、「数値や身体の面でこんな変化が出てきますよ」ということを、自らの「人体実験」を通して証明してみせようと考えた。「がんばっていれば神様はきっとご褒美をくださる」を信じて……。銀行の預貯金と同じように、健康もいい習慣をコツコツ続けることで増えていき、やがて大きな財産になる。

また、この構想は、「一人でも多くの皆さんに『生きがい』を持って健康な身体で『高齢生活』を楽しく過ごしてほしい」という願望達成のために取り組むもので、高齢者を始め、多くの皆さんの参考になれば幸いだと今日も孤軍奮闘、自分との戦いの日々が続く。ややもすると、気弱になり負けそうになる自分がいる一方で、「何を言っているんだ、初心を忘れるな、負けたらあかん！」と、自分にムチ打つもう一人の自分がいる。心の中で、この二人の自分が葛藤《かっとう》する。そうした中ではあるが、最終的にこれは増加の一途をたどる認知症の予防にもつながり、また、要介護者支援対策にも役立つに違いないと確信し、自分自身を奮い立たせる毎日だ。

第3章　目標があれば元気が出る

1、楽しいプラン作成

お年寄りを乗せたり、降ろしたりしているデイサービスの車を見かけることが最近多くなってきた。近くで親しく付き合っていたSさん宅にも、車が迎えに来るようになり、そばで見ている筆者も、いつかあのデイサービスのお世話になる日がやってくるに違いないと思いながら、今日も車を走らせる。日頃から、自立自活できる健康体づくりに意を注ぎ努める中、その時期はできるだけ遅い方がよい。いや正直言ってやってこない方がなお良いと、内心願っているのは筆者一人ではないだろう。ならば、年をとっても自らが「生きがい」を持って、ごく自然に明るく楽しく毎日を過ごす習慣を持とうではないか。例えば、いくつかの趣味に取り組み熱中する。またはサークル活動などを生活習慣に取り込み、自然体で知らず知らずの間に、時が過ぎる仕組みを構築しておくなど、今からその手法を編み出し、身に付けておけば、その時期を遅らせることは可能だと考えている。

２０１４年（平成26年）12月のある日、ＮＨＫで、この日は１００歳の元気な人の顔を撮り続けるカメラマンを追ってのドキュメンタリーが放映されていた。その中の一人、東京墨田区在住でお化粧をきちっとして、ピンク系の服に身を包んだ素敵なおばあちゃん・後藤はつのさん（１１１歳）が、画面に大きく映し出され、ひときわ目を引いた。彼女は、73歳から油絵を習い始め、99歳まで毎年のように大作を描き、公募展に出品して新人賞や文部大臣奨励賞を受賞、１０２歳で初の個展も開いている。また、90歳から習い始めた詩吟を口ずさんで、インタビューに答える様子が深く筆者の心に残った。その後、後藤さんは、２０１５年（平成27年）２月12日、自らの人生をつづった本『１１１歳、いつでも今から』（河出書房新社）を出版。

同年、12月30日、夜８時からのＮＨＫ・Ｅテレでは、『「百歳の女性スイマー」前人未到の千五百メートルに挑む』が放映され、80歳から水泳を始めたという山口県の長岡三重子さんが紹介され、彼女は日本国内を始め、世界のマスターズ大会にも出場、次々と記録を更新してメダルをいっぱい獲得されているそうだ。この日は背泳ぎで１５００メートル、１時間14分で完泳された様子が映し出され、同じ水泳を愛好する仲間の一人として、筆者はいつの間にかその映像に釘付けになっていた。また、健康管理やスケジュール管理を担当されるのは息子さんで74歳、筆者と同年ということもあり親近感を覚える。画面に映し出された彼女のスーパーへの買い物の姿は、いつも決まってリュックを背負って行き、買った商品はすべてそのリュックに収め、そのままウォーキングを兼ねて、元気に歩き、帰路に就くという足腰を鍛えているものであった。また、昼食時からでも、好きな刺身を食べる、野菜もふんだんに摂る等、とても食欲は旺盛だった。要はよく食べること、そしてよく歩くことが健康には欠かせない基本だと、このおばあちゃんは私たちに教えてくれた。その後、長岡さんは、2015年（平成27年）4月4日、松山市で開かれた日本マスターズ水泳短水路（25メートル）大会の女子1500メートル自由形に出場し、100〜104歳の部で世界初の完泳を成し遂げた。

近頃、学生時代の同級生と出会うと、会話の中でよく耳にする言葉のひとつに『もう歳だから』がある。この言葉は、筆者にはそう言って実行しない、また、やりたくない、やらない言い訳にしているにすぎないように映る。この100歳と111歳のおばあちゃん二人の話からは、油絵や詩吟、そして、水泳などの趣味やスポーツをやり始める年齢は「思い立ったが吉日」で、今が一番若い時、やりたいと思ったら、躊躇《ちゅうちょ》せずにその時から始めよう。それが新たな生きがいになり、目標が生まれる。『もう歳だから』という言葉は全くと言っていいほど当てはまらないと思うし、自分自身も使いたくはない。1日24時間、これは皆平等に与えられているわけで、その時間の中で要は本人にやる気があるのか、ないのかだけの話ということになる。また、前述のお二人の目から見れば、61歳から水泳を始めた筆者などは、まだまだ「洟垂《はなた》れ小僧」という部類にしか映っていないだろう。

一日の生活を顧みると朝起きて顔を洗い、食事を摂る、希望に満ちて活動し、昼食、そして、再び活動して、夜になれば一日の疲れをお風呂でゆっくりと癒す、夕食の後、静かに眠る。ごく普通で当たり前の規則正しい生活、すなわち、生体リズムを整えておくと病気になっても回復が早く、アルツハイマー病予防の可能性があるという研究結果も出ている。これが健康の源ではないだろうか。「長生きは小さな習慣の積み重ね」(日本赤十字看護大学川嶋みどり名誉教授)である。

また、今日行く所がある「きょう・いく」＝「教育」、今日用がある「きょう・よう」＝「教養」がともに大切であると言われているが、その日その日を計画的に、そして行動的に送る人は幸福であると言われる所以《ゆえん》は、ここにあるのではないかと考える。これらは何も特別なことではない、ごく普通の規則正しい日常生活を送ることが、いかに大切であるかを物語っているに過ぎない。そのためにも、筆者は計画的に時間を楽しく過ごせる自らのプランを作成し、システムを構築、実践に移していくという一連の構想を練るのに日々余念がない。

2、目標ができれば歩み出せる

人間誰もが目標ができると、その目標にたどり着くためにはどうすればよいのか？　また、いかなる方法があるのか？　常に目的意識を持って、アンテナを高く張り巡らすことができるのではないだろうか？

その意識を持ちながら本や新聞を読んでいる時、また、インターネットやテレビを見ているその時、探し求めている情報やデータに巡り合うことができるから嬉しい。その中から、これと思う必要なものを拾って組み立てていくと、おのずと目的地への道が開けていくから不思議なものだ。目標を持つと、その目標に向かって一歩を踏み出すことができる。目標に向かって歩んでいると、気づくこと、新しく発見することなどが多くあり、新鮮な気分に浸ることができる。また、その過程でこんな方法もある、そうだ！　あれも試してみよう、これもやったらどうだろうかと考えることができる。すると考えることが楽しくなり、夢がどんどん膨らみ、気分がワクワクして自然と元気が出てくる。

目標に向かって歩み出すと、上り坂もあれば、急な下り坂にも遭遇する。しかし、それらを乗り越えていくと、何とも言いようのない清々しい花園が出迎えてくれる。何よりも目標に向かって熱中していると、時間が経過するのを忘れてしまっている。ここに来て目標を持つことが、いかに大切なことであるかは言うまでもない。ジェット コースター、初めはゆっくりゆっくりの安全運転でも、徐々にスピードが加わり、快適にどんどん走る。途中様子がちょっと変だと気づくと、ガッタン、ゴットン、ガッタン、ゴットン、長めの穏やかな坂をゆっくり登り始める。坂を登り頂上付近に達したかと思った途端、今度は急こう配の下り坂を一気に猛スピードで駆け降りる。すると大きな歓声が火の玉のようになって尾を引き、通り過ぎる瞬間でもある。

「よし、やろう！」という「気」をこのジェット コースターに乗せてしまえば、どんどん走り、どんどん進むのであるが、「気」をこのジェット コースターに乗せ込むまでが、ちょっとやっかいでいろいろ時間がかかるようだ。しかし、嬉しい、楽しいと思える気持ちが少しでもあれば、次への一歩を軽く踏み出させてくれる。「よし、やろう！」というエネルギーを与えてくれる。そして、何よりも夢があり、目標ができると翌日の朝を迎える楽しみが倍増する。いくつになっても好奇心と向上心を持ち続け、自分らしく人生を生ききることが大事で、経験が大きな財産になると自分に言い聞かせている。

3、70代の年間「5大目標」

「70代で死ぬ人、80代でも元気な人」。識者の多くが「70代が老化の分かれ道」だと言っている。人生100年時代、やはりカギを握るのは「70代の10年間」をどう過ごすかで、その後の人生が大きく変わると言っても過言ではない。70代をうまく乗り越えないと、長生きはできたとしても、よぼよぼとした期間を長く過ごさねばならない。70代のリスクを回避し、老いを防ぐ生活習慣、医療とのかかわり方などをよく考えながら生活する必要がある。……そんなことを頭の片隅に置きながら、きちっとした目標を持って人生最後の活動期、一日一日を大切に過ごしたいという思いを強く抱き、70代の年間5大目標を掲げる。

◇**第1目標**

毎年、滋賀県営彦根プールで開催される夏最大のイベント「『ザ・8耐』スイム駅伝インひこね」に参加する。「1時間続けて泳ぐ」。言うことは簡単だが、実際に1時間続けて泳げと言われても一朝一夕に泳げるものではない。やはり1日1万歩程度は歩いての基礎体力づくりを始め、1週間に3回はプールに通って、トータルで４０００メートル程度は泳ぎこなすなど、日々たゆまない鍛錬の積み重ねが必要になる。

＊『「ザ・8耐」スイム駅伝インひこね』の競技内容：4人が1チームで1人が1時間連続して泳ぎ、順番に次の泳者に繋いでいく。これを2回繰り返して4人で合計8時間泳いだ距離を競う競技。しかし、我々のチームは泳いだ距離を競うのではなく、地元彦根のチームとしてこの大会を底辺で支える側に回り、とりあえず「1時間連続して泳げる気力と体力を養おう」を合言葉にして、年間を通じ、練習に励み、体力を継続して維持することに専念している。

◇第２目標

滋賀県をはじめ、近隣市主催の美術展覧会に「入魂一年一作」の精神に基づき、油絵を制作し出展、入選・入賞を目指す。絵を描いている時の想定をはるかに超える情熱や集中力、そのエネルギーには、筆者の人生の全てが集約されていると言っても過言ではない。なぜならば、それらの作品には会社員時代のあの社長の「怒り」が、あの常務の「喝」が、また、友人や先輩、家族の「叱咤激励」が染み込んで光るからだ。

◇第３目標

毎年１月末から2月にかけての約10日間、厳寒の日本を離れ、気温30℃前後のタイ・バンコクを始め、アユタヤー周辺で開催のサワディ会＝タイ語、サワディーカップ（こんにちは）を引用して付けた名称＝避寒ゴルフ合宿に参加して、体力づくりに励むと同時に腕を磨く。また、この合宿では次回制作の油絵の構想を練るのを始め、やる気を培うための充電、すなわち、新しい一年のスタートを切るのに際して、南国で英気を養うという深い意味合いも兼ねている。

◇第４目標

毎年７月末、斧講《まさかり》（山岳修行を目的で結成された「講」のこと）の皆さんといっしょに大峯山登拝行に参加する。世界遺産に登録されている奈良県南部にある霊山・大峯山（１９７２メートル）は、日本最高峰の霊山と言われており、１３００年もの長期にわたり、山伏の修行のメッカとして有名。ここで精神と肉体を鍛える。

◇第５目標

腹の底から大きな声を出すことは、心身ともにリラックスし脳によき刺激を与え、認知機能の低下予防にも役立つと言われている。そうしたことから、古くからこの地方に伝わる文化・観世流謡曲《うたい》を浦部好弘準職分に付いて月２回稽古し、日々練習に励み、春と秋の年２回開催される「謡の会」に出演、伝統文化を継承するメンバーの一員に加わり、その役割を果たす。

4、80代へつなぐ70代の生き方

「70代で亡くなる人、80代でも元気な人」「70歳が老化の分かれ道」「70歳からの食事術」「75歳の壁」……と、たそがれ時と言われる70代は、人生の中でも大変重要な年代、ごく普通に70代を日々健康で生きることに意を注ぐことは、とても大切なことであるが、70代はそれにも増して80代、90代以降を見据えて、80代、90代を健やかに生きるための基礎をつくる。すなわちそのための投資をし、健康を貯金する年代と考えた方が相応しい。とりわけ、80代、90代への夢をつなぎ心躍らせる70代の生き方には、大変意義深いものがある。野球のイチローさんは、現役当時から一般的な選手がやっているストレッチや体力づくりに加え、古武術、瞑想なども加え、身体機能を高めていく努力を惜しまなかった。併せて選手寿命を長くしていく工夫を日々続けてきたと聞く。そこには自動的に成績もついていった。自分の身体との向き合い方が違うひとりにあげて良いのではないだろうか。

長年、水泳やゴルフを続けてきた仲間の中には、70代に入ったから『もう年だから』と言って止めるという人も少なくない。でも、ここが運命の分かれ道だと筆者は思っている。なぜなら、自分の身体に投資をし、健康基盤を改めて確立しなければならない70代、健やかな80代、そして90代を迎える準備をする年代、だからこそ続けてやるべきだと考え、筆者は水泳やゴルフを続けている。泳ぐのが速いとか、ゴルフのスコアが良いとかは別問題である。ごく普通に仲間と一緒になって泳ぐ、仲間とゴルフをプレーすることに軸足を置いて考えれば、楽しく体力の維持増進が図れる。この仲間と一緒に泳ぐ、ゴルフをプレーすること自体が最も大切なのだ。そこに80代、90代を健やかに過ごすためのヒントが眠り、基礎が構築されると思うからだ。

ゴルフの場合、一般的に70歳を過ぎると、体力に合わせての思いやり精神からか、ひとつ前のティーから打ってよいルールがある。しかし筆者は身体の使い方を堅持しようと思い、ささやかな抵抗ではあるが、体力維持増強の観点、そしてメンバーとの会話を楽しむ、お付き合いを重視して、少し若い人と同じ「フロントティー」から打つように心がけている。言い方を変えれば、前から打つことは甘やかされること、体力、精神力を１００％使う機会が減っていくこと。つまり体力、精神力など身体機能を高めることにはつながらなくなる。スコアは少し落ちるが、それでも「フロントティー」から打つことに拘《こだわ》っている。そこに80代、90代に向かう気力・活力が自然と培われ再生されると信じて、次なる目標を考えている自分がいる。

周囲にいる家族が優しいと、暖かい手を差し伸べ、自然と高齢者を大切にし過ぎる傾向がある。しかし、老化は甘やかしたら突然にやって来ると言われている。高齢者を敬うという気持ちはもちろん大切だが、高齢者自身の健康そのものを考えれば、いくつになっても「自分のことは自分でやる」意識を本人が持ち続けることが最も大切だと思っている。周囲があまりにも構いすぎて、当の本人が頭や身体を使う機会が激減して、進化、成長することなく、その機能、能力は次第に減退、自分らしく生きる機会を失い、自己表現できなくなる。能力があるにもかかわらず、それを奪うということは不自然というか、もったいない話である。

5、波乗り気分楽しむ

「ローマは一日にして成らず」という諺があるが、やはりその目的を達成するためには、日々用意周到な準備と緻密な計画、そして、それを着実に実行に移すという根気と努力が伴わなければ、達成することが困難であることは承知の通りだ。また、いくら歳を重ねていても『生きがい』を持って、前向きに取り組もうとする「やってみよう」「やってやろう」という自主的な気持ちを常に持って「文武両道」を目指したい。

すなわち、前に揚げた年間5大目標を達成するためには、日々、「何を具体的にどうすればよいのか」を考えなければ成就できるものではない。年間、月間の計画を立て、それを順次実践に移していかなければならない。これらを実践に移していく中で、年間を通しての周期的な大きなうねりのようなものを感じ、まさに波乗り気分を楽しむことができる。

同時に、水泳や卓球、絵画、カラオケなどといった分野では、年齢や職業といった垣根を超えて、幅広い人たちと心を融合させ、楽しむことができるからすばらしい。とりわけ、『「ザ・8耐」スイム駅伝インひこね』は、50メートルの屋外プールを1人が折り返し1時間続けて泳ぐ孤独との戦いでもある。青い空に入道雲が映える夏空を大きく映す県営プールを前に、スタート直前の静まり返った中での不安と緊張が複雑に入り混じった気持ち。そしてゴールした時の「辛かったけどなんとか泳ぎきった」という達成感を、巻き起こる歓声と拍手が出迎えてくれ、興奮のるつぼに飲み込まれる。そしてそれに酔いしれる。ここではその場に居合わせた者にしか理解することのできない、歓喜と興奮をチームメイトとともに分かち合うことができる。また、その会やグループで行われる決起のコンパや反省会といった懇親会では、参加者はみんな目標を同じくするチームメイト、明るく活発でいつも前向きといった共通点が多い。

そんな環境にどっぷりと浸かっていると、「年をとっているから」「年が若いから」といったような、ともすれば言い訳にしか聞こえないような言葉は全くといっていいほど耳にすることはない。逆に、この環境が自分の年齢をしばし忘れさせてくれるから不思議なものだ。そんな中においては人にはちょっと内緒にしておきたいような、ある意味では贅沢《ぜいたく》とも言える時を過ごしていることにとても幸せを感じている。反面、時折周囲を見渡して見ると、数年前までは仲間の中に誰か先輩格に当たる人が数人いたが、いつの間にか筆者が一番年上の人になっているグループなどもあり、「ちょっと待てよ」、と思う場面に出くわすことがある。

6、最高のものを知れ！

そもそも筆者が、このような考え方を持つようになったエピソードをここに示してみよう。会社に勤務していた時の話である。日本を代表するビッグなお得意先M社のH社長が工場視察に来られる日程が決まったある日、筆者は常務に会議室に呼び出され、開口一番「君は今回のお得意様の接待をどう考えているのか？」と質問をされた。唐突な質問に一瞬戸惑ったが、これまでの例に従って接待する予定であることを伝えると、常務から、

「まずは最高のものを知れ！」

と言われ、続いて、

「それを知らないままでの接待は、このお得意様にふさわしいものかどうか、分からないのではないか？　先方は業界きってのエキスパートだぞ。失礼があってはならない、『よく考えろ！』」

と檄を飛ばされた。その時、直感した。これは何も接待に限ったことではない、仕事のことでも同じだ。最高のものを知れば、今の仕事のやり方、方法、そして質、内容といったものが現在、どれくらいのレベルにあるのか自ずと判断できるはずだ。気骨稜々とした経営者とご縁をいただけたこの会社員時代は、長年、筆者がひそかに探し求めてきた本場の「喝」に巡り合ったような貴重な時代でもあった。この時に企業風土の厳しい現実の姿を目の当たりにしたのであった。工場視察当日、昼食会には筆者も同席させてもらった。年に一度か二度しかお目にかかれないH社長は、商取引の儀礼的な話に終始する中で、ややもすると堅苦しくなる昼食会に笑いを誘われ、場を和まされることがあった。それはH社長ご自身の誕生時に名前を付けるにあたって、両親は男子があまりべらべら喋り過ぎないようにという強い思いから、戒めるため口に×を付けて田《でん》とされたという。しかし、当の本人は親の意向に反して口が4つもできたと喋りまくっている……と、その場を和やかな笑いに誘われた。この気配りには、「さすが日本のトップ企業のリーダーだ！」と多くを学ばせてもらった次第である。

この「最高のものを知れ！」を受けて以来、筆者の判断基準は大幅に修正されることになった。同じやるのであれば現状に満足することなく、常に前に前に進む精神を持つとともに、最高のものを目指し、最高のものに一歩でも近づくため、日々努力しようと決意したのであった。改善改革を止めてしまった人間には、前進や向上がない、とよく言われることからも、これを機会に自分なりに大きな目標、そしてその目標を達成するための中間の目標、また、それに近づくための具体的方策や手法などをリストアップして、日々それを行動につなげていくことを自分自身に負荷させた。言い方を変えれば、この上司との出会いは、その日の目標、また月間や年間の目標、そして大きくは人生の目標をしっかりと持って、日々の生活を行動的にやってのけようと決意したきっかけとなった。そして自らがメリハリのある生活手順を生み出し、「高齢生活」を営む上での最高の方策とその手法に気づかせてもらったと言える。

7、人生の夢「100×100会」

これは内緒の話で笑われること承知の上であるが、筆者は亡き妻の寿命の分までもがんばって生きなければいけない、という強い願望と責任感を持っている。数年前、広島県三原駅近くの川沿いを歩いていた時、「夢は7倍に拡げよう」という大きな看板を見たことがあった。その看板を見て目標や夢は大きければ大きいほど良いと考え、100歳まで水泳を楽しめる精神力と体力を継続して維持することを「人生の大目標」に据えた。また、100歳以上のメンバーで100メートル泳ぐ会、すなわち「100×100会」を結成して、これの全国大会開催を「人生の夢」とする、途轍《とてつ》もないアドバルーンを上げた。また、これが筆者に課せられた残りの人生のお役目と心得、その実現に向けて努力することを心に誓った。

同時に、この「人生の大目標」を目指して日々積み重ねる「人体実験」の成果が、後世の方々の健康づくりのヒントになるように少しでもお役に立ちたいと考えている。また「高齢生活」を楽しく営む手法のモデルケースになれば、これが筆者の『生きがい』であり、我が人生のミッション（使命）を果たすことになるとも考えた。この日々の努力もただ我武者羅《がむしゃら》に肉体を酷使しての「がんばれ、がんばれ」ばかりではなく、その様子を時折頭に描き、物語を作り、イメージトレーニングをする。自分にとって楽しいこと、嬉しいことを日常の中に増やしていくことも大事なことだと気づく。

１００歳以上の仲間がプールに入り、皆が水しぶきを上げ、泳ぐ姿と泳いだあとの達成感に満ちた笑顔を頭に描きイメージしてみる。そして、自分がそのイメージに近づくための手段をいろいろ模索し、その階段、すなわち「健康への虹の懸け橋」を作り、その懸け橋を一段一段登っていくわけである。その「イメージトレーニング」を自然に逆らわずに、日々積み重ねることが重要なポイントの一つになると考えると、また希望が大きく膨らんで元気が湧いてくる。

太陽の光に反射して、日中や夕暮れ時に現れる通常の虹と異なり、満月など明るい月が昇る夜にできる「月虹《げっこう》」という珍しい自然現象は、月の光が大気中の水蒸気に反射して淡く輝くもの。これの撮影に石垣島天文台（沖縄県石垣市）が成功したと報じられていた。

天文台の宮地竹史副所長によると、月虹は米ハワイでは「幸せを招く虹」として住民に愛されているという。同じ虹の懸け橋を登るのであれば、この「幸せを招く虹の懸け橋」を描き登ってみたい。

以下は筆者が79歳の時に、中日新聞の「くらしの作文」に投稿し、掲載された文章である。

「考えていること」平均寿命が毎年のように更新されていく現在、人生100年時代はそう遠くない未来かもしれないと、心のどこかで思うようになっている。しかし、それには健康という前提が伴わなければならない。栄養バランスのいい食事を取る、運動をする、睡眠をしっかり取るなど、基本的な健康習慣を実行しなければいけないと、自分自身に言い聞かせ、またむち打つ毎日でもある。とりわけ運動には、少し拘《こだわ》っている。ボウリング、卓球は毎週教室に通い、本命の水泳はプールで週2回、水しぶきを上げている。

令和元年になったのを記念して、今年、大きな夢、目標を定めた。90歳で1500メートル泳ぐ、100歳で100メートル泳ぐ、というものだ。その目的を達成できるようにプログラムを作成。月１回は１５００メートルのタイムを測り、30分連続して泳ぐなど、日々、その大きな夢に向かって練習している。少しつらい時もあるが、「夢を達成するため」と、自分自身を鼓舞している。また、毎朝、神社までを往復するウォーキングも。この一歩が明日のキックにつながると、少し大股を意識して歩いている。気分もワクワクして、心地よい風を切りながら、足取りも軽い。

（中日新聞２０１９年９月14日「くらしの作文」）

8、9年間皆出席が力

心に決めたことをただひたむきに継続して実行する。階段を一段一段登るように途中であきらめない「やる気」精神は、小学校６年間と中学校３年間の義務教育９年間、学校を１日も休まず皆出席したという実績と自信が、その「やる気」を育んでくれているのではないかと内心思っている。９年間、１日も休まず学校に通うことができたその陰には、小学校3年生の冬の朝、少し熱があったが、亡き母は「学校を休んだらあかん、学校には行かなあかん！」と言って背中を押し、学校に行かせてくれたお陰だと感謝するとともに母への思いを新たにしている。工場に勤務していた時の出来事のひとつ、工場で大事な経営会議が開かれたある日、管理職の一人が体調不良で欠席したことがある。その時、W社長から、「社員は会社と月間20日間の操業日、毎日出勤することを前提に社員として雇用契約を結んでいる。それにもかかわらず、工場を管理する人間が、自分の体調さえも管理することができないということはどういうことか？　まず恥を知れ！」と激怒されたことを思い出す。

今盛りのフルマラソン、42・195キロメートルには必ずと言っていいほど折り返しの中間地点が設けられている。筆者が35歳を迎えた年の正月、子ども2人を連れて小学校のグラウンドに行き、一緒に走ったことがある。当時、寿命を仮に70歳くらいまではいただけるのではないかと予測し、人生をフルマラソンに重ね合わせた時、その中間地点は35歳、「よし、今だ！」と一念発起して、ジョギングを毎日励行することを自分に約束した。勤務の関係から、ある時は勤務を終えてからの夜7時、8時の時もあり、また、朝出勤する前の6時頃の時もあった。特に辛かったのは、冬場の雪が降った後のツルツルに凍った道、また、轍《わだち》がそのままで、カチンカチンに凍った道を走るのには、危険が伴うことから滑って膝を打撲するなど想定外の苦労があった。

そのような体験もあったが、千葉工場に研修勤務した時は、朝早くに起きて毎日、印旛高校辺りまでの折り返しコースを走り、若い寮生始め関係者を驚かせたこともあった。還暦を過ぎた頃からは、身体と相談しながらジョギングからウォーキングへとシフトダウンさせ、今日に至っている。ちなみに35歳から始めたジョギングからジョギング&ウォーキングが、２０１５年（平成27年）１月、継続40年を迎えることができた時は、万感胸に迫る思いで、自分で自分を褒めてあげたい気持ちになったことが昨日のことのように思い出される。

9、何のためにやるのか？

トレーニングを長く続けるためのコツは何だろうか？　筆者なりにこれまでを振り返り考えてみると、「目的のないトレーニングはすぐに飽きてしまう」。やはり「何のためにやるのか？」という目標をしっかりと持たないと続かないことに気がついた。トレーニングのその目標をはっきり持って実行することが第一だろうと思う。次にトレーニングの記録を取り、それを数字で表していくことが必要だ。「今日は何歩歩いたのか」「体重はどれくらい減ったのか」「ウエストがどれくらい縮まったのか」「トレーニングの前後の変化がどれくらいなのか」ということが数字や写真（姿）で表れてくると、具体的な変化を体感だけでなく視覚でも確認することができ、トレーニングに対する関心が一層高まり、モチベーションが一段と上がって、やってやるぞという気持ちと、そこに『生きがい』が生まれてくる。スイミングスクールで、インストラクターから50メートル4本と言われれば、力の出し加減を調整して、これぐらいのキックを打てば50メートル55秒で泳げるぞ、4本とも同じタイムで泳ごうと目標を定め、これを意識して泳いでいると、次への挑戦の意欲が駆り立てられ、それがまた次の楽しみに繋がる。

目下、1年に1回の人間ドック（健康診断）と2回の血液検査を励行して身体の内側の健康管理にも努めている。その人間ドック結果報告書の数値、従来は単年度分だけを見て、それでおしまいとしていたが、数年前から十数年分を一覧表にまとめ整理していて気づいたことがある。それは数値を時系列で捉えていくと、中性脂肪や総コレステロールの値が相対的に減ってきているとか、ヘモグロビンＡ１Ｃが少し上がってきているなど、その傾向や変化が一目瞭然《いちもくりょうぜん》で、理解しやすくなる。これが主治医との面談資料として大いに役立っている。記録を付けていると、「どういった経緯を経て現在があるのか」「では、今後どうすればいいのか」という課題や指針といったものも自ずと見えてくる。同時に、目標に向かってどれだけ近づいているのかを知ることもでき、興味が一層膨らみ、楽しみが倍増してきている。

他方、「身体が少し軽くなった」「階段の上り下りが楽になった」など、変化に自らが気づき始め、結果がついてきていることを実感できれば毎日が嬉しくなる。そうすると、トレーニングをしていること自体が苦ではなくなり、むしろ逆に楽しいものとなってきて、いつの間にか毎日その時が来るのを待ち遠しくさえ感じるようになってきていた。さらにトレーニングが進み、それが日常生活の中に溶け込んでいき、習慣化するともうしめたものだ。特に、自然の中を歩いていると、とても幸せな気分に浸ることができ、今日も身体を動かせる喜び、身体が動いてくれるありがたさを再確認しつつ、新鮮な空気を吸って歩く楽しさも満喫している日常がここにある。

第4章　これが私の仕事だ！

1、一生懸命に生きる

「我以外、皆我が師」（私以外、皆私の先生、良きお手本は素直に見習う。あまり良くないお手本は、「そのようなことをしてはいけませんよ」と自分を戒める。すなわち、それも先生）という人生の羅針盤を持って望めば、善きにつけ、悪しきにつけ、筆者を育ててくれることは確かだ。また、本人のためを思って、本気で苦言を呈してくれる人が周りにいるか、いないかでその人を育てる環境が整っているかどうかを推測できる。同時に、人間の一生は、いかに楽しく生きていくのかとともに、自らが自らをどう戒め、向上させようとする気持ちを持つか、持たないかでその方向は自ずと決まる。自分の人生そのものが人間形成そのもので、修行の場であると日々考えるようになってきている。

以前お世話になっていたN社の社長はいつも、県内出張、県外出張を問わず、「3つの課題を下げて行け」と言うのが口癖で、さらには毎回「行きと帰りのルートを変えろ」という一見無駄のように思える追加注文まで出すのが常であった。例えば、一つの課題だけで大津に出張するのは、その時間と経費がもったいない、つまりコストが高く付くということを口やかましく言われていた。同じ大津に出張するのであれば、最低でも３つの課題を持って行けば、一課題当たりの経費が安くつくという経費面でのコスト意識を持つこと、時間を効率よく有効に生かすことができるという時間のコストも意識しなさいということだと、あとになって気づかせてもらった。行きと帰り道を変えるのは、街中や郊外などいろんな所で土地や建物の物件を多く見て、街の発展状況やその動き、風を常に自分の目で、そして肌で確かめ、把握し、経営に生かす習慣を養っておけというものであった。

Ｎ社長は、毎朝３時には起床、シャワーを浴びて気合いを入れ、現場を見て回るのが日課であり、それを楽しみの一つとされていた。ある日Ｎ社長は、現場（Ａ）で使ったスコップが放置されたままになっていたのが目に止まり、物を大切にする教育、整理・整頓の徹底が必要と痛感された。また、現場（Ｂ）で、バリケードが倒れたままになって放置されているのを発見した際には、もし工事現場に通行人が誤って入り、負傷でもしては大変なことになると、危機管理、安全管理の重要性を改めて認識したと訓示された。朝７時45分、現場関係者の朝礼でこれらの状況を具体的に説明、問題点を指摘、責任の追及と再発防止について意見を求める。N社長の仕事に傾ける情熱と、経営に対する熱意がみなぎっていた。

これはほんの一例に過ぎないが、ここにはN社長の仕事に取り組む姿勢と熱意、そして、時間を大切にする心、効率よく業務をこなす自己管理方法が秘められていた。これらを会社員時代に徹底して教えてもらったお陰で、今日でも筆者の中には、日常生活の中にこうした習慣が途絶えることなく、脈々と生き続けていることを嬉しく思っている。当時、N社長は、彦根金亀ライオンズクラブの幹事を始め、商店街理事長や異業種交流会長、管工組合長などいくつかの要職も兼ねておられた。そんなお忙しい日常であるがゆえなのか、会議に出かける時は、その会や団体の資料が入っているそれぞれのかばんを用意して、それを持って出かけるというとてもユニークな一面があった。

当時、筆者は会議の開会あいさつや会長就任あいさつ、特に会報新年号のあいさつ文など、日夜多忙を極めておられた社長から、これらの原文作成の依頼を受けることが多かった。これはまた総務部長としての本分とわきまえると同時に、まんざら嫌いな方でもなかったので、進んで引き受けることにした。その時々の社会情勢や経済状況などを織り込み、いろいろ工夫を凝らして、より満足してもらおうと会長や理事長になりきって作文したことが懐かしい。多忙と緊張の連続である社長の顔はいつも引き締まっていた。しかし、時折ほころぶ顔を見ることがあり、その笑顔を見るのが楽しみの一つになっていた。今日、筆者自身が、認知症キャラバン・メイトを始め、健康推進員やボランティア日本語講師、地域支援グループ「さざなみ」、また、趣味で習っている謡《うたい》や水泳、卓球といった部門ごとに、いつの間にかN社の社長様のように、それぞれのかばんや袋を準備している。このことに気づいた時、知らず知らずの間にN社長をそのまま見習っている自分が、現実ここにいることを不思議なものだと苦笑している。

２０１１年（平成23年）10月10日（71歳）には、「第14回東海・いずみ21マスターズ合同水泳記録会」に出場。25メートル自由形・16秒76、50メートル自由形・40秒58でそれぞれ第１位。

2、社会は人を育てる学校

人間はいろいろな職業に就き、社会に貢献しようと努めるが、その職業や社会を通じて学び成長していく。言い換えれば、職業や社会は人間を育てる学校と言える。必要なのは、本人にその心意気があるかないかだけだ。「天は自ら助くる者を助く」（独立独行、目標に向かって努力する者に天の助けがある）という言葉からもうなずける。若い時は、「そんなことあるか！」と思っていたが、この歳になって「人間は一生勉強や」と言っていた亡き母の言葉が脳裏を何度もよぎる。とは言うものの、人は皆、ある時はあちらの塀に頭をぶつけ、また、ある時はこちらのコンクリートにつまずいたりして、その時その時、気づかせてもらいながら、少しずつ成長していくものだということも、自らの実体験を通じて、今でもしみじみ味わっているところだ。

せっかく授かった命、一度きりの人生。それならば精いっぱい「一生燃焼」の旗を掲げ、生き生きと悔いなく生きていこう。筆者の『生きがい精神』は、「目標を掲げ、前を向いて走り続ける」ことだ。限られている人生の時間を大切にしながら、今日一日をより有意義に計画的に、そして「一生懸命に生き」、持てるエネルギーの全てを燃え尽きるまで、燃焼させせないと「もったいない」と思っている。

これは、親鸞聖人も言われている『命を大切にする』ことにつながると思って、「一生懸命に生きる」ことを生活信条にし、「母さん（亡き妻）、あんたと二人三脚だよ、天国で見守っていてくれよ」と、心の中で静かに語りかけている。

２０１２年（平成24年）４月28日（土）放送の読売テレビ『ウイークアップ』で、89歳の瀬戸内寂聴さんがおっしゃっていた言葉。

「生きることは愛すること、小説が私の人生のすべて、一生懸命生きている。教養、理想がなくても、今与えられているこの時を一生懸命に生きることが大事だ。ワクワク、ドキドキしながら生きる。必死の力、力のすべてを出し切って生きる。生き切ることが大事だ」

この言葉からも大きなパワーと勇気をもらった。

一日の予定を無事にこなし終えた夜８時頃、一日を振り返り「今日も充実した一日だった」と満足した気持ちとともに、心地良い疲労感を味わいながら、ぬるめのお湯にゆっくりと浸かり、心と身体を癒す。また、夕食時には、自分なりに多忙と言えば多忙であった一日を振り返り、「よくやった！」と自分を褒めると同時に、明日への予定（夢）に思いを馳せながら焼酎の水割りを静かに傾ける。今日出会った人の顔を思い浮かべ、一日を無事に終えたという安堵の心、そして、活動し終えた後の心地良い満足感、疲れが共に複合して、焼酎は身体の中を徐々に回り、ちょっとふんわかふんわかして、宇宙にでも行った気分に誘《いざな》ってくれる。今日も、「忙しくても楽しい一日をありがとう」感謝の気持ちを胸に、テレビを見ながら夢心地をむさぼり、最高のひとときを過ごす。

3、創造性養い　脳ピカピカに！

21世紀における国民健康づくり運動である「健康日本21」では、身体を多く動かし（多動）、しっかりと休養をとる（多休）、多くの人、事、物に接する生活（多接）の三多（多動、多休、多接の勧め）を推奨している。この運動では、「『二本の足は二人の医者』という格言があるように、毎日よく歩こう。身体活動をできるだけ多くして、毎日の生活の中でこれを維持しよう。身体を動かした後はしっかりと休養をとることが重要であり、メリハリのある生活は健康長寿には欠かせない要素だ』」と強調している。そして、『多くの人、事柄、物に接して創造的な生活を行うこと、年がいくつになっても社会に貢献する、そういう心がけが若さを維持させてくれる。このような生活ができるように工夫を凝らし、常に何かを創り出す趣味を持つことを勧め、趣味豊かに創造的な生活を送ることが、健康長寿には欠かせない要素だ』と付け加えている。

日本では、65歳以上の高齢者が３０００万人を超え、高齢者の１００万人都市が毎年誕生するほどの勢い。そのような中、健康で長生きしたいという願望は年々高まる一方だ。77歳の喜寿を始め、88歳の米寿、１００歳の百寿、１０８歳の茶寿、１１１歳の皇寿、１１２歳の珍寿など、「健康長寿」には誠におめでたいという思いを多くの人が抱いているのではないだろうか。生まれてから死ぬまでの命の長さを「平均寿命」というのに対し、元気に自立して過ごせる期間のことを「健康寿命」と言う。

では「健康寿命」を延ばすためにはどのような生活をすればよいのか?

世界中で行われている研究や取り組みには大いに興味があるところだ。日本では、毎日の生活の中に栄養、休養、運動をうまく取り入れることが、健康長寿に役立つものと考えられていた。

あるラジオ番組では、『アメリカ、ハーバード大学では、3000人の高齢者を対象に家族状況、病気を13年間にわたって追跡調査した結果、①レストランでの食事や映画鑑賞。②カードゲームや趣味の会への参加、町内会活動への参加。③家事仕事や買い物、仕事など、社会的、生産的な仕事に取り組んだ場合、ウォーキングやスポーツジムなどで、運動して身体を鍛えるよりも長生きに役立っていた。この調査では、「運動をよくする人の多くが長生きをした」という結果は得られず、一番長生きに役立ったと思われるのが「家事仕事」で、家事仕事を積極的に行った人の長生きが顕著に現れた。アメリカでの調査結果を見ると、長寿のためには、運動ばかりに取り組むのではなく、外出や家事仕事など、生産的な活動をすることの方が役に立っていることが分かる』と言っていた。

また、ある機関が試算したところによると、人間の筋肉が100グラム減る(衰える)と医療費や介護費に平均で25万円もの費用がかかる。特に、女性の場合は32万円にも上るという見解を明らかにしている。このことから、筋肉の維持増強を図るためには、日々のウォーキングが不可欠であることは言うに及ばない。若い年代から２本の足で立って歩くための筋肉を鍛え作っておかなければ、高齢になってから「自分の足で自由に歩ける生活を確保することが困難になる」と、肝に銘じておかなければならない。

４、人の命は我にあり、天にあらず

養生とは生まれ持った寿命を保つことであり、「寿命は養生次第」……老子（周代の哲学者）は、「人の命は我にあり、天にあらず」と言っている（人の命は天からの贈り物だが、その寿命はわれわれの心次第で変わる）。

世界最高齢の女性として、２０１３年（平成25年）２月にギネス・ワールド・レコーズ（英国）から認定された大阪市東住吉区の大川ミサヲさんが3月５日、満１１５歳の誕生日を迎えた、とマスコミ各社は報じた。長生きの秘訣を尋ねられると、「何と言っても食べること。さば寿司と肉類、甘いものが大好きで、野菜は少し苦手」だとか。また、男性の世界最高齢は、1897年（明治30年）4月19日生まれの116歳の木村次郎右衛門さん（京都府京丹後市）となっており、正に長寿大国日本を代表するお二人だ。

「究極の加齢」という言葉がよく似合うこのお二人のように、健康でなければ寿命がいくら延びたとしても、また、財力があったとしてもその楽しみは半減するだろうし、また、毎日が楽しいものになっていかないことは確かだ。「生あるものは必ず死す」との言葉があるように、人間は誰もが遅いか早いかは別として、いつかは必ず死と直面しなければならないことは明白だ。しかし、我々はどのような事態になろうとも、寿命をもらっている以上は、自分の身体を大切にいたわりながら生態リズムを整え、引き返すことのできない人生の一本道を歩き続け、自分の目標に向かって日々歩み続けなければならない。洋の東西を問わず、人間誰もが強く願ってやまない老い方の見本は、「ピンピン コロリ」であり、考えなければならないのは、その到着駅までの切符をいかにして手に入れるかということだ。すなわちゴールの寸前まで、自分の2本の足で立って生活ができるように、健康で命を全うするためには何をどう心掛け、それを日々どのように実践していけばよいのかということを常に意識していかなければならないことになる。

　第１に考えられることは、月並みな言い方だが、日頃から思わぬトラブルを起こさないように、自らの身体の状況把握に努めて、心身のメンテナンスをきちんと行うことだ。自分の身体を守れるのは医師や家族、周囲の人ではなく、他ならぬ自分本人でしかないことをまず自覚しなければならない。まさに24時間自分を見守ってくれるのは自分のみで「自分の身体は自分が守る」という固い意志のもと、自己管理に全力を傾注すべきだろう。その一環として、少なくとも年１回の健康診断は欠かすことはできないと考えている。

　田畑を耕して堆肥を施し、降り注ぐ太陽のもと水を与えるなど、十分な管理を続けて育てていれば、実りの時期には多くの果実が得られる。これと同じように、人間も日々心身のチェックとともに、栄養バランスを考えた日々の食事と運動、睡眠の見直し、そこにボランティア活動やスポーツを取り入れ、それを習慣化する。それらの実践、そして継続的な努力の積み重ねが後々になって『健康』という果実、すなわち「ご褒美（実）」になると筆者は固く信じている。

　日本では急速に高齢化が進み、介護や医療にかかる経費が年々増加の一途をたどっているると言われて久しい。その内容がよくニュースで報じられている今日、一つの提案として、「スポーツで快い汗を流そう」運動を日本の臍《へそ》と言われている、滋賀県の琵琶湖から全国に発信したい。これは国民の多くが自らの健康管理のために、日常生活の中にスポーツを取り入れようというものだ。筆者は、仲間とともに汗を流す喜び、そして汗を流したあとの何とも言いようのないあの「爽快感」を多くの人たちに改めて味わってもらいたい。「スポーツをやっていてよかった」という声を全国津々浦々にまで広げたいと考えている。そういうことに思いを巡らせていると、健康で楽しい日々が送れる人たちを増やし、併せて介護や医療費の軽減につなげたいという熱い思いが一段と湧いてくる。

その思いが火種となり、筆者は年齢に関係なく、年を取ってもスポーツはやる気さえあれば、誰でも、いつでも、どこでもできるということを自らが立証して見せようと、61歳から始めた水泳では、今日も仲間とともに元気に水しぶきをあげ、お互い笑顔を交わし合って、記録会やマスターズ大会などにも、機会があれば積極的に参加して、自分への挑戦を続けている。ある時、湖東プール（教室）で200メートル個人メドレーリレーが久しぶりに試された。筆者は、この種目はあまり得意ではなく、特に、バタフライの50メートルは苦手な種目でもあったが、チームメイトの励ましもあり、なんとか泳ぎきることができた。その時、自分は力を出しきったという満足感と同時に、安堵感を感じながら、プール サイドに手をかけて荒々しい呼吸を整えていたところ、隣のコースから仲間の一人が白い歯を輝かせながら、「そのパワーどこから出てくるのですか？」と声をかけてくれた。見てくれている人は見てくれているんだと、この時ほど水泳を続けていて良かったと悦に入ったことはない。

5、1日のスケジュール作成

眠るでもなく目覚めるでもなく、夢うつつの「雲上遊泳」を楽しんでいる午前5時、携帯電話のアラームが鳴り、第一次の目覚め促進で目を覚ます。無意識のうちにラジオのスイッチに手が伸び、５時のニュースと天気予報を聞きながら徐々に脳の目覚めを促す。約10分後、おもむろに腹ばい（うつ伏せ）状態になって枕元のメモ帳を取り、まだはっきりと目は覚めていない状態ではあるが手帳を見ながら、午前中あれをこなして、午後はあの会議に出て、夕方は謡《うたい》で、夜はプールといったように、一日の主なスケジュールを順番にメモ書きしていく。

これが朝一番の仕事で、かつ起床一番のルーティンである。一日のスケジュールを立てる楽しい時間帯になっていると同時に、時間を無駄にしない充実した一日を送る基本がここにある。書いていくに従い、これらが自然と頭に入り、目覚めきっていなかった脳が少しずつ覚醒し始める。この段階で第二次の目覚めに移行することになる。この腹ばい状態になるのにはいくつかの理由がある。その一つに腹ばい状態になるとお腹に心地良い刺激を与え、内臓、とりわけ腸の活動が促されるように思う。そして、その体勢がガスなどを出やすい状態にしているのではないかと考えている。しばらくすると、お腹の状態にもいささか変化が生じるとともに、次第に目覚めが確実になっていくのを覚える。第三次の目覚めを迎える。今日のスケジュール表が完了すれば次は血圧測定。２００７年度（平成19年）当時67歳、市区の区長就任間もない初夏の頃より、加齢とともにストレスが原因かも知れないが、少し血圧が高めであることに気づく。主治医のT先生の勧めもあり、この頃以来、朝食後、１錠薬の服用と併せて、毎朝血圧測定・記録を励行している。

記録を付けながら感じていることは、朝の気温が5度以下になると血圧が高目に出る。また、逆に10度近くになると血圧は平常値の１３５くらいに戻る。すなわち、気温が低くなると血圧は高目になり、気温が高くなると血圧は低目になる。人間のホメオスタシス

（生体が変化を拒み、一定の状態を維持しようとする働きのこと。「恒常性」とも呼ばれる）というものの素晴らしさに改めて感動している。血圧測定が終わると、今度は腹ばいから両手を前にしっかりと伸ばした状態で、猫がよくする仕草のように、お尻を少し持ち上げ腰を左右に大きく揺らす。背筋と両脇腹、そして、太ももの付け根を伸ばすストレッチ（100回）。次に両手を前に伸ばした状態を維持しながら、片方の足を折りたたみ、その上に全体重を乗せ、もう一方の足はまっすぐに伸ばす。太もものストレッチ（左右100回）。そして、おもむろに起床の準備を整える。これが筆者の毎朝のルーティンである。

6、1日1回　朝お通じ

排便は、腸と脳と神経の連携プレーと言われており、便が直腸に届くと脳に刺激が伝わり、自律神経も働いて便を肛門へ押し出す仕組みになっているそうだ。朝のお通じは、睡眠の深さと大きくかかわっているように感じている。筆者の体験から言えば、睡眠が深い場合、すなわち熟睡した朝はあまり力まなくても自然にスルリと出てくれるが、睡眠が浅い場合は、いくら力んでがんばっても、その兆候がなかなか現れないことが多い。便秘が原因で、大腸がんなど重い病気につながる恐れもあり、その意味でも便秘は軽視できない。「たかが便秘」と軽く見ていると慢性化し、心身の不調につながる恐れもあると言われていることから、筆者は「1日1回朝お通じ」に少し拘《こだわ》っている。それは、以前ある医師が「体内に腐敗物を長時間貯めておくことは、大腸など腸内環境が乱れ好ましくなく、できれば1日2回排せつすることが望ましい」と語っているのを本で読んだことがあるからだ。これまで、お通じをよくするために、食物繊維を多く含む野菜や海藻を食事に取り入れる、腸の善玉菌を増やすためにヨーグルトなどの摂取を心がけるなどの手段をとってきた。

順天堂大学総合診療科の小林弘幸教授は、「適度な運動や睡眠も含め、規則正しい生活をすることが第一。食事は食物繊維を含めて栄養のバランスのよいものを。朝食は腸を目覚めさせる目的もあるからしっかり食べよう。また、便意があった時は我慢しないですぐに行く。一度我慢すると次は便がさらに太くならないと便意が起きにくくなる。便秘になるきっかけとなるので気を付けよう」と、指摘している。

これを受けて毎朝排便できるようにお腹のリズムを普段から整え、これの継続維持に努める毎日だ。スルリとすんなりいけた朝などは、お腹もすっきりした感じで、壮快な気分になり「今日も良かった」と感謝、感謝である。しかし、時たまではあるが、いけない朝などは、何か気になってイライラや不快感、さらには、集中力もなくなることから「とにかく出そう」と、いけるタイミングをはかりながらひと時を過ごし、強引にでもいくように努めている。それでもいけない日などは、憂鬱《ゆううつ》な時を過ごすことになる。

7、朝のストレッチ＆ウォーク

起床後、まず洗面所で洗顔を兼ねての顔面マッサージを実施。次は歯である。歯と身体の健康は密接につながっていて、歯の健康を損なうと心身にも悪影響を及ぼしかねないと言われている。

厚生労働省や日本歯科医師会が推進している「８０２０運動」は、「80歳になっても自分の歯を20本以上保とう」という国民運動だが、なぜ20本以上の歯が必要かと言えば、20本以上あればほとんどの食べ物を噛み砕くことができるからだ。実際、「20本以上の歯が残っている高齢者は、残っていない人より活動的で、寝たきりになる人も少ない」との報告があるくらいだ。自分の歯がたくさん残っていれば、それだけ食べる楽しみも増えて活動意欲も湧いてくるというものだ。

また、東北大学大学院の歯学研究グループが、健康診断を受けた70歳以上の高齢者を対象に、認知症の程度と残存歯数との関係を調べた珍しい調査がある。それによると、「正常な人たち」は平均で14・9本、「軽度認知症を疑われる人たち」は13・2本、「認知症が疑われる人たち」は9・4本の歯が残っており、健康な人ほど自分の歯を多く持っていることが分かった。つまり自分の歯が少ない人ほど、認知症になりやすいという傾向にあるという結果が出ている。

そのようなことから、医師の勧めもあり、数年前から洗面時に右手人差し指で、大切な歯を支える歯茎の健康維持のために、歯茎の部分を少し強めに押さえながらのマッサージ（300回）を実施することにしている。その後、歯ブラシによる歯磨き、うがいのあと、腸に刺激を与えるためにも冷水をたっぷり飲んで洗面所をあとにする。朝の最も大切な行事、「敬神崇祖《けいしんすうそ》」、神を敬い、先祖を崇め、感謝の心をもって、日々の生活を大切に過ごす気持ちを表す。神棚に真水をお供えして「感謝の祈り」をささげる。次に仏壇にも真水をお供えして、亡き妻や父母、そして、ご先祖様に「安らかにお休みください」と手を合わせるとともに、「今日もがんばります、お守りください」と決意のほどを表す。

その後、四方拝を済ませ、運動の前後のストレッチは、けがの予防と筋肉痛の軽減に効果が期待できると言われていることから欠かさず行っている。特にウォーキング前のストレッチは脳の目覚めを促すと同時に、身体の各部所の柔軟性を確認し、維持するために、毎朝20分程度実施する一日中でもっとも大事な行事のひとつになっている。膝《ひざ》、腰、脚、肩、首、腕など、身体の各部所に語りかけるように、そのひとつひとつをいたわりながら丁寧にこなしていく。……「これが私の仕事だ！」とあせらずに、ゆっくりとメンテナンスのつもりで時間をかける。

その一例を紹介する。

①両手を車輪のように内側と外側に勢いよく弾みを付けて回す（内外15回）。
②後ろで両手を組み、腕を絞り、胸を前に大きくそらす（30回）。
③両手を上げ、左手で右手首を握り、左の方へ引っ張り、右わき腹を伸ばす（左右30回）。

④肩甲骨ほぐし、襟と肩の中間くらいをつまみ、肘で円を描く要領で、背骨を大きく動かしながら、前向き（クロール）、後ろ向き（背泳）にそれぞれ円を描く（各20回）。
⑤腕を胸の前に出し、片方の腕で引っ張り抱え込む（左右30回）。
⑥腕を頭の上に上げ、左の手で右ひじを引っ張り、ひじの裏を伸ばす（左右30回）。
⑦肩幅に足を広げ、両手を振り上げ後ろに反る、反動を付けて振り下ろす（30回）。
⑧片足立ちになり、もう片方の足の甲を手で持って足をお尻に引き寄せ太ももの前を伸ばす（左右1分）。その時は胸をそらすようにする。
⑨両足を揃えての屈伸と、膝に手を当てて右回し左回しの膝回し（各15回）。
⑩肩幅より少し大きく足を広げ、反動をつけて上体を前に倒したあと、腰に手をあて後ろに反る（各3回）。
⑪腰から上の上体を前に倒し、両手を伸ばし、右下から左回しで、次に左下から右回しで大きく回す（捻転10回）。
⑫左足を折り、右足を投げ出して、右手で足の先を引っ張り、右足の裏を伸ばす伸脚（左右１００回）。
⑬腰を下ろして、両足を大きく開き、上体をその間に倒し頭を地に付ける（１００回）。

⑭足を前で交差させ、上体を前に倒し、両手の平を地に付ける。腰の付け根と太ももの裏側、ふくらはぎを伸ばす（左右１００回）。
⑮両足を揃え、軽く屈伸しながら呼吸を整える（10回）。
⑯大きくゆっくり深呼吸。まずは息を吐く・そして、吸うことを意識して、特に吐く時は、全ての息を吐ききるように意識する（６回）。

8、雨の日も　風の日も　雪の日も

朝７時過ぎ、その日の天候を気にしながら、外壁に掛けてある温度計で気温を確認、適切な上着や履物を選び、それらを着用しておもむろに出かける。隣がお寺（安養寺）であることから、門前で手を合わせて、いよいよ今日の「ぐるりウォーク」の出発となる。宮沢賢治ではないが、雨の日も、風の日も、雪の日も、お天気に関係なく、35歳から始めたジョギング（60歳頃からはウォーキングに切り替え）、朝起きたら走る歩くという長年の習慣、何のためらいもなく、身体が勝手に動いて出かける習慣となり、今もなお続けられていることにまず感謝する。

目指すは氏神様、豊満神社までは片道約20分（2キロ）の距離、道中何人かのウォーキング仲間と出会いあいさつを交わす。中でも日系ブラジル人などに出会うと、習いかけのポルトガル語で「ボンジア コモバイ セニョール」（おはよう 元気ですか）とあいさつする。すると相手も目を輝かせながら「セニョール エスタベーン」（あなたも元気ですか）などと返ってくる。それに対して「ベン・オブリガード」（私も元気、ありがとう）と付け加える。時間帯が少しずれると出会う顔ぶれも変わってくる。長年続けているとお互いに、およそ同じ時間帯に同じ場所を通るのがよく分かるようになる。

季節により異なるが、進行方向（東）に向かって歩むとまず目に入るのが松尾山から始まって押立山、そして、鈴鹿の屏風と称される御池岳（1242メートル）、釈迦ケ岳（1092メートル）、御在所岳（1210メートル）、鎌ケ岳（1157メートル）、竜ケ岳（1100メートル）など、1000メートル級の山々が連なり、夏には夏の顔、また、秋には秋の顔といろいろな顔で出迎えてくれるのが嬉しい。少し左側（北）に目をやると、滋賀県の最高峰、威風堂々とした伊吹山（1377メートル）を始め金糞岳（1317

メートル）、霊仙山（１０８４メートル）などがかわるがわるほほえみ語りかけてくれる。とりわけ冬季ともなると、山脈から大きく抜き出た伊吹山は、真っ白にお化粧した顔に朝日が当たり、とてもりりしいイケメン伊吹に変身、鮮やかなコントラストが目を引く。また、以前に登ったことのある伊吹山、金糞岳、霊仙山、御在所岳、鎌ケ岳などは、山の形状からそのルートがおおよそ推測することもでき、汗を拭き拭き息を切らしながら登った当時のことが懐かしく思い出されてくる。

特に、歩く時の姿勢は、①遠く前方を見て、②頭を上げて背筋を伸ばす。③かかとからしっかり着地、つま先で強く蹴り出す。④腕は前よりも後ろに大きく振る。⑤普段の歩幅よりちょっと大きめに歩く。という一連のマニュアルを意識しながら歩く。歩幅を大きくとってかかとから着地、つま先で力強く蹴り出すと姿勢が良くなる。早く歩けば早く歩いただけ寿命が伸びるなどの話を聞くと、朝、一刻も早く外に飛び出したいという気持ちにかられ、また、ウォーキングそのものにも一層ワクワクして、踏み出す一歩にも自然と力がこもる。

お隣の矢守集落からは、一級河川・安壺川の流れを左に見、また、右に見ながら歩く。その川は、日本最大の湖であり「近畿の水がめ」と言われ下流域１３００万人の飲料水を供給する琵琶湖に注いでいる。前日から降った雨は濁流となって水嵩《みずかさ》を増し、落差がある所では大小の渦を巻き、また、ある所では急な流れを作る。その様は何とも勇ましくついつい足を止めてしまう。通常時は、水嵩も減り、穏やかな流れを取り戻す。時々ではあるが、草陰に水鳥や白鷺が餌《え》をついばむ姿を垣間見ることができる。そうした時は、気づかれないようにそっと静かに通り過ぎるのも、自然と共存している感じがして、思わず微笑んでしまっている。

※豊満神社（四脚門・国指定重要文化財）：豊満神社には神功皇后の一軍がこの辺りの竹竿で軍旗を作り戦場に持参して勝利を収めたという伝説がある。そのため、境内の竹を旗竿に用いると必ず戦勝するとして源頼朝や豊臣秀次など多くの武将がこの竹を好んで求め、戦勝祈願をしたことにより勝運の「旗神さま」として世に知られる。

第5章　スポーツへの目覚め

1、猛暑日も軽やかに

高気圧に覆われ、猛暑日が続く滋賀県内は、2013年(平成25年)8月19日も晴れ間が広がり、東近江市、長浜市、米原市で、今年最高気温を記録した。彦根地方気象台によると東近江市は、今年の県内最高気温となる37・4度、長浜市は35・1度、米原市で34・1度を観測した。そんな猛暑日が続くある日の朝、いつものようにウォーキングに出る前、花壇に水をやっていると、通りがかりの隣人・Nさんが足を止め「宏樹さんは暑くても毎日歩いてやはる。私もお手本にして見習いたいと思っている」と、突然身に余るお言葉をちょうだいし、ただただ恐縮するのみであった。

有難いことに、毎日のウォーキング、見ていてくださる方もおられ、「お手本にして見習いたい」とまで言ってくださる方もいらっしゃる。こんなに嬉しいことはない。そんな言葉をいただけると新たなエネルギーを注がれた気分で、足取りはいつにもなく軽やかで、常に前を向いて生きたいという気持ちになる。また、夏真っ盛りの7月には、しとしとと降り続く雨の中でも、大峯山の長く険しい道を歩んで行く。そこには、急で長い階段の登り降りや、両手も使って登って行く所もある。そんな環境でも誰も助けてはくれない。まさに自分との戦いの連続。これに対応できる体力や精神力を養っておかなければ、大峯山を参詣することはできないと、常々心して、その道中を頭に描く一歩一歩にも自然と力がこもる。

一方、水泳をした翌日などは、身体も疲れていて、足の運びが鈍るのではないかと気にすることもあるが、なぜかそうした日は、逆に身体全体の動きがスムーズで足取りも軽く感じる。それに引き替え、山登りや観音正寺、金剛輪寺などに参詣して、石段を登り降りした数日後、太ももの一部やふくらはぎの辺りに痛みが出る、いわゆる筋肉痛である。これは筋肉の収縮で傷ついた筋細胞の修復過程で出る痛みとされ、痛みの出方は年齢ではなく、運動習慣や普段の活動量と関係があると言われている。

昨日も一日フルに身体を動かし、十二分に疲れていたはずなのに、一晩休むとその疲れはどこかへ去り、また、普通の元気を取り戻し、通常通りに歩くことができる。人間の身体はなんと不思議な機械であろうかと思いたくなるくらいだ。神様が人間の身体を精巧に作ってくださったお陰だと、感謝しながら今朝も息を弾ませる。早朝、冷たい空気を吸ってのウォーキングは、何といっても爽やかそのもので心地良い。特に、晩秋など、吐く息が少し白く見える冷たい朝などは格別で、とても快い気分に浸ることができ、予想以上のご褒美を授かるからこれもまたたまらない。

また、予め歩行ルートを決めて、どこからどこまでなら10分、20分と歩行に要する時間を確認しておくと、次に時間がある時にどこまでなら行けるという予測が立つ。筆者の場合、自宅から公園まで15分、公園から神社まで10分、と歩行時間を測っておく。次に例えば時間が45分あるという時に、どこからどこまでは行けるという目安ができ、安心してウォーキングが楽しめて時間を有効に活用できる。

2、桜の背景に冠雪

ふと、北の方角に目をやると、厚く雪に覆われ、朝日にまばゆい貫禄充分の伊吹山（1

３７７メートル）を筆頭に、岐阜県境に肩を並べる具月山（１２３４メートル）、金糞岳（１３１７メートル）、横山岳（１１３１メートル）、そして、少し離れて三国岳（１２０９メートル）が屏風《びょうぶ》を立てかけたかのように並ぶ。上部を白く染めた峰々が、澄み渡った青空に映え、笑みを浮かべる。四季折々、これらすばらしい光景がいつも励まし、勇気を与えてくれる筆者の応援団でもある。

神社の裏にある農業灌漑用池では、冬季多くの水鳥が羽を休める。数羽が群れをなし、首をすくめ、自然に身を任せ、波に漂う鳥たちに交じって、にぎやかに飛び回り、追いかけ合いして潜ったりと、はしゃぐ鳥たちの姿が何とも愛らしい。欄干に手をかけ、足裏のストレッチをしながらしばし我を忘れる。また、花の４月に入ってからも、冷え込んだ日の朝など、咲き乱れる桜の背景には、びわ湖バレイスキー場などがある打見山（１１０３メートル）から武奈々岳（１２１４メートル）にかけての比良山地一帯には、季節外れの冠雪がまぶしく光り、とても神秘的な光景を演出してくれるからこれもまたたまらない。居ながらにして眺めることができるこれらの光景は、早朝ジョギングやウォーキングなどでここを訪れる者にのみ与えられる神様からのプレゼント。滋賀のこの地に住んでいて良かったと酔いしれるひとときでもある。楽しみを見つけ、喜んだり面白がったりするようにしていると、その心がけで人生がより豊かになる。

　池のそばで風と戯れながら、腕を大きく車輪のように回したり、左右に腕を強く振ったりして全身をほぐしたあと、足の屈伸やひざ回しのストレッチ、最後には、エネルギーいっぱいの朝日を浴びながら、大きく深呼吸して中間地点でのストレッチを終える。次は水鳥たちに見送られ、２００７年ライブラリー オブザイヤーに輝いた町立愛知川図書館を右手に見ながら、妻や父母が眠る墓地に参拝。神妙な面持ちで元気に過ごしていることの報告と、「今日もよろしく」とあいさつをする。愛知中学校の近くに差し掛かると、ソフトボールやバレーボール、サッカー、柔道といった運動部の朝練であろうか、生徒数名がグループになって校舎の周りを走っているのに出会う。よくがんばっているなあと思い、ついつい大きな声で「おはよう！」と激励のあいさつをする。すると生徒たちの方からも息を弾ませながら、「おはようございます！」と丁寧なあいさつが返ってきて、何ともすがすがしい気分に浸る。

3、「私もやるさかい　数えて」

「年を重ねても筋肉は使うほど強くなる」。この言葉にほだされ、朝の「ぐるりウォーク」にも自然と力が入る。出発地点の安養寺に戻り、山門での腕立て伏せ50回を始め、腰や足裏のストレッチ、前屈50回などで身体全体のご苦労さんストレッチをして締めくくる。

いつものようにやっていると、集団登校で集まってきた子どもたちは、最初の間は「おはよう！」とあいさつを交わす程度であったが、徐々に慣れてくるに従って、「おっちゃん何してるの？」「体操してるの？」と言葉を掛けてくれる。中には「おっちゃん、筋トレしてるの。頭つるつるやなあ」と言って、小さな手で頭をそっと撫でていく子もあり、「わしはお地蔵様じゃないぞー」と心の中で笑いながら、あっという間に打ち解ける。

最近では腕立ての回数に合わせて、「いち、にー、さん」と、いっしょに回数を数えてくれる子どもも出てきて、それはかわいい私設応援団とでも言おうか、とても励みになり

筆者と子どもたち

嬉しい。そんな中である男の子が「僕もやる」と言って、腕立て伏せらしきことをやり始めた。するとぼくも私もと、数名が鞄《かばん》を降ろして、あるいは鞄を背負ったままでやり始めた。1年生のある男の子は、筆者が「いち、にー、さん」と回数を数えてやると勢いに乗じてついに30回くらいまでやってのけた。そのやり方は初めてのことで十分とは言えないまでも、恥ずかしがらずに勇気を出して行ったその行為が素晴らしいと、思わずみんなで拍手をして讃えた。男の子、照れくさそうに少し頬を染めていたが嬉しそうだった。

「おっちゃん、私もやるさかいに数え

て！」という女の子も現れ、お寺の門はちょっとしたミニ・トレーニングジムとなって盛り上がり、ほほえましい雰囲気が辺りに漂う。「やってみよう」という子どもたちの自主的な気持ちを大切に育て、これがいつの日か身体を鍛えることの尊さや健康というものを考えてくれる動機づけになれば幸いと、はるか遠くに夢を馳せながら目を細める筆者の姿がそこにあった。孫たちと同じ年齢層の子どもたちと束の間の触れ合いを楽しみ、子どもたちから多くのパワーをもらい打ち解けた頃、集団登校の子どもたちは、「並んでー」と言う上級生の号令で整列し学校に向けて出発するのであった。朝の「ぐるりウォーク」「ストレッチ&ウォーク 90分」全てのスケジュールが終わる頃、お腹の方がぐーと鳴り、朝のニュース番組を見ながらのお楽しみの朝食タイムに入る。

4、スポーツを生活習慣に

幼少の頃、少し小柄な方で小学校に入ってからもクラスで前から３、４番目に常時位置していた筆者は、物心がつき始めた小学校4、5年の頃から、人並みに背を伸ばしたいという願望のようなものを心のどこかに抱き始めていた。そうした切なる思いが積もり積もったのであろうか、「よし、走ろう！」とその思いに心を動かされ、初めて走ったのが秋の取り入れ作業が終わり、少し肌寒い日が続く晩秋の頃だったと思う。自宅から東隣に位置する「矢守」という地域までを折り返す1000メートル余りのコースを夕方になると毎日のように決まって走るようになっていた。これがスポーツと言えるのであれば、スポーツを生活習慣の中に取り入れた最初であったように思う。以来、身体を動かすことに喜びを感じると同時に快感を覚え、興味を持つようになり、スポーツに対する関心が次第に高まっていった。

小学校5、6年の頃は、昼休みにドッジボールをするのがとても楽しみになり、お昼は弁当を人より早く食べ、いち早く講堂の手前にあった体育用具室に駆け込み、数少ないボールをゲットする。そして短い昼休み時間ではあるが、仲間たちとドッジボールに興ずることが学校での楽しいひと時になっていた。ちょうどその頃、筆者は学校の体育の先生になりたいという淡い夢を描いた時期があった。しかし、そのための実力が伴っていないことを自分なりに分かっていたことに加え、子どもながらにも家庭の事情を見通していたので、経済的に考えてとても両親に自分の胸の内を明かせる環境でないと勝手に判断、その想いを持ち続けながら、少年期をそのまま過ごしていたという辛い思い出が蘇ってくる。

5、お前は誰だ！

近江鉄道の沿線に建てられた新制中学校は、雑木林を切り開いた所に建設された学校で、敗戦から少し年が経過した１９５２年（昭和27年）、筆者が入学した当時は、現在のような体育館はおろか屋外での運動スペースもままならない状態であった。そうした環境の中ではあったが、「背を少しでも伸ばしたい」という思いは強くあったので、バスケットボール部に入部することにした。当時、部活動といっても、そのほとんどが、荒地同然の所に土を少しずつ入れて運ぶため、2人が1組になり「担い棒」の中間に吊るした受け皿に土を乗せる道具の一種、「もっこ」を使って土を運びながら行うコートの造成や、整備作業に汗を流すことがその大半を占めていた。

愛知郡内の大会では、愛西中学校や湖東中学校には大柄の選手が多く、見るからに強そうに見え、小柄な選手が多い我が愛知中学校チームは対戦するといつものように大差で敗れた。悔しい思いを募らせながら自転車のペダルをこぎ、帰路についたというのが紛れもない当時の部活動の苦い思い出でもある。また、中学校の運動会ではクラス対抗リレーがあり、クラスでその代表選手4名を決める際には、日頃の実力から見て、誰もが認める上位3人は暗黙の了解ですでに決定していた。残る1名を誰にするかという議論に発展し、次に速そうな2人を選び、競争により1名を決定することになった。その残り1人を選ぶ決戦が行われ、その中に筆者も名を連ね僅差で競り勝ち、代表選手の中に加わった。運動会当日、大歓声を浴びる中、誰にも抜かされまいと全力で走り、2位をキープすることができた。その責任を果たし、ほっと胸を撫で下ろした経験と感動が今でも懐かしく思い出される。

高校2、3年の時は、バレーボール部に籍を置いた。毎年、秋季大会が終わる年末近くになると、来春までの寒い期間は、技術面の練習より基礎体力づくりに力点を置いた練習がその主流となった。寒風を突いて、元気に声を出しながら4キロ先のため池までの往復8キロ前後のランニングが毎日取り入れられた。それが終わると、コートの周りでパスやサーブの練習を始め、うさぎ跳びや柔軟体操などで汗を流し、その日の練習を締めくくることが多かった。そうした訓練を積み重ねてきた結果であろうか、悲願ともいうべき身長が1年間に10センチ近くも伸びて、クラスでの背の高さもちょうど中間くらいにまで上がり、「やった！」と、ひとり静かに喜びを噛み締めたことがあった。そんなことから、中学校時代は同級生の間で前から3、4番目で、小さな子というイメージが植え付けられていたこともあり、中学校の同窓会に参加すると、背が高くて後ろの方にいた友達などは、筆者の方を見て「お前は誰だ？」と冗談交じりで笑わせる一幕もあり、少しいい気分に浸っていたことも事実でいい想い出になっている。

6、水泳との出合い

戦争が終わって、世の中が少し落ち着きを取り戻した１９５１年（昭和26年）、筆者は小学校６年生になっていた。当時、我が家は一町歩足らずの田と畑をほとんど手作業により耕作していた。主に稲作（表）と麦作（裏）で一家6人の生計を立てていた。水田の周りには水漏れを防ぐための畝を作り、そこに大豆や小豆などを蒔いた。夏の太陽が照りつける頃ともなれば、その間に茂る雑草は日増しに大きくなった。その雑草を取るのは母や姉の仕事で、その取った雑草を集めて堆肥にするための集積地に運ぶのは、しぶしぶではあったが厳しい父の命令で夏休み中の筆者の仕事とされていた。

日中はとても暑いので、夕方少し涼しくなった頃を見計らって、アブラゼミやツクツクボウシの鳴き声を耳にしながら、まだ「草いきれ」でムンムンする中、草集めに汗を流した。木陰で一息ついて夕陽に映える鈴鹿の山に目を向けると、心地良い風が頬を撫でて行き、農作業の辛さを忘れるひとときでもあった。我が家では、夏期、日中暑い中での草刈りや施肥等の農作業は避けて、昼食後、しばらくの間昼寝をする習慣があった。主に父の意向が強かったように思う。父は、筆者たち子どもにも昼寝を強制し、「日本脳炎になる」と日中の暑

孫のKちゃんが描いてくれた似顔絵

い中、出歩くことを固く禁じていた。遊び盛りの年頃、友達が誘いに来てくれると、そっと起きて分からないように抜け出すこともしばしばであった。しかし、それが後からばれると「昼寝はせなあかん！」と言ってきつく叱られたものだ。地域には、夏休み中の子ども最大のイベントに「地蔵盆」があった。当時、「南出の大地蔵さん」は、中学生が中心になって準備運営に当たることになっていて、これが代々受け継がれていた。この年の夏休みに入って間もない頃、小学6年生だった筆者にもお呼びがかかり、地蔵盆の準備といっても主に使い走りのようなことではあったが、昼寝を強制する父に出かけるための口実ができたと、その準備に喜び勇んで参加することにした。

7、思い切り にらみ返す

夏の太陽が容赦なく照りつけ、目がくらむような猛暑日でも、昼食を済ませた頃になると仲間が三々五々集まった。地蔵盆の準備とは名ばかりで、まず歩いて20分程度の所にある豊満神社裏の農業用水ポンプ場、通称「三反地」という池で水泳というよりも水遊びをして楽しんだ。また、この池は、池の上層部では人間が泳いで、下層部では鯉が泳ぐという人間と鯉が「共存・共泳」する珍しい池になっていた。

少し泳げるようになると数名が2班に分かれて、対抗リレーをして速さを競い合った。「Aくんは速くなった」とか、「Bくんはもっとがんばれ」などと言って、子どもながらにも「叱咤激励」をしながら水泳に興じ、夏のひと時を楽しんだ。これといった指導者もいない中で、当初は泳ぎができなくても、先輩や仲間の泳ぎを見て、見様見真似で泳ぎというものを習得していく。すなわち「誰が生徒か先生か」分からないメダカの学校で次第に仕込まれていった。ある時、立ち泳ぎをしながら互いにふざけあっている最中、年上の一人に本気で足を引っ張られて、アップアップしそうになったことがある。それは「じゃれあい」の度を超え、今でいう「弱い者いじめ」ということになるのだろう。「バカの相手になる者は、バカの大バカだ」と親から教えられていたので、言葉にはしなかったものの、思い切りにらみ返してやった。それがその当時、筆者にできる最大の抵抗で意思表示だった。今から思えば、そうした幅広い意味での豊かな自然環境の中で、知らず知らずの間に技術を習得し、その上、ハングリー精神のようなものを養うなど、心身ともに成長させてもらったのだと振り返って、感謝の気持ちすら出てくるものである。

8、やりたい時こそがチャンス

ある調査によれば、「生きがいを感じるのはどんなときですか？」の問いに「趣味やスポーツに熱中しているとき」が67・４％にものぼっている。生きがいを「十分感じている」は24・０％、「多少感じている」が52・０％で、合わせると４分の３以上を占めた。具体例として、「趣味やスポーツに熱中しているとき」が最も多く、「家族団らんのとき」などが続いた。

現役時代のゴルフは、年に4、５回程度しかコースを回る機会がなく、とてもゴルフをやっていると呼べるような状態ではなかった。そこで、引退後は少しいい気分で集中力を養うとともに、仲間と雄大な自然空間でゴルフの醍醐味を味わいたいと、２００３年（平成15年）、63歳からゴルフに少し本腰を入れ、基本を学ぶための個人レッスンにも通い始め腕を磨いた。新たな生きがいや夢中になれるものを探そう、「生きがいが元気の源になる」。次は何を追加しようかと考える時間も楽しく、自分に向いたことを探すのは、宝探しのように楽しい作業で、新しい挑戦にやりがいを感じる。そして、やりたい時こそが大きなチャンス。「人生はいつもこれからだ」と考え、現状を確認しながら趣味の範囲を順次拡大、将来に向けての積極的な投資、「健康貯金」に舵《かじ》を切った。自治会の会計や会長、分館長など一連の役職が徐々に解けだした２００７年（平成19年）、67歳からは絵画（油絵）、２００８年（平成20年）、68歳からは卓球にも挑戦した。

また、２００９年（平成21年）、69歳からは謡《うたい》といった文化面にも触手を伸ばし始め、その内のいくつかは毎月定期的に日を決めて直接先生の指導を受けた。一方では水泳教室にも1週間に2回通い、「乗り越えてこそ報われる」と、手綱をゆるめることなく、仲間とともに学び腕を磨き、「楽しい気分が身体を元気にする」を確認する。そうしたお陰で、少しずつではあるが自分自身、向上しつつある日々を実感し、そこに「生きがい」というものを日々感じるまでになってきている。

年に数回開催される展覧会への出展を始め、水泳の記録会といったものにも積極的に参加するようにしている。また、これら記録会のあとにはつきものの反省会や打ち上げといったものにも率先して参加し、メンバーとの親睦を深め、言葉には心や気持ちを乗せ、お互いに成長の過程を確かめ合っている。同時に、次なる目標を掲げる努力も惜しまず、挑戦の心意気を旺盛にして、現状維持から少しでも進化向上するために、多くの人たちとの意見交換を大切にしながら、貴重な時間を楽しくかつ忙しく過ごしていると、自然と夢は大きく膨らむ。

第6章　生きがいづくりに投資

1、病院か？　プールか？

突然ですが、「病院か、プールか？」あなたならどちらを選ぶだろうか？

以前、遠縁に当たるSさん（当時、70代後半の男性）が安土の福祉施設に入所されている時、病気になり八日市市内の病院へ通院する必要に迫られ、筆者たち親戚2人は、約2年間、送迎役を引き受けたことがあった。診察中は病院の待合室で時を過ごすことが多くなり、その間、高齢者が家族に付き添われたり、または1人で通院されている姿を多く目の当たりにして、深く考えることがあった。筆者と同世代の方も多く見かけ、通院にはそれぞれの理由があるのだろうが、健康には特に留意して、健康で楽しく老後を送る方法、すなわち「健康で楽しい高齢生活」実践を頭に強く描くきっかけとなった。

一方、筆者は子どもの頃から注射がとても嫌いだった。特に、消毒液を塗って「ちょっとチクッとしますよ」という先生の言葉とともに、針の先が皮膚に刺さるその瞬間を見るのが怖かった。いつもその現実を見ないようにして時が過ぎるのを待った。目をつむっていても、全ての神経はその針が刺さる瞬間に集中して、注射の痛みからは逃れられないと悟ったのであった。そのようなことから病気イコール注射と考え、「病気になって、病院に行くのは嫌だ！」という潜在意識のようなものを強く抱くようになり、その恐怖心からか病気になって病院に行くよりも、病気にならない身体づくりを強く意識するようになり、せっせとプールに通っているという一面があるのかも知れない。人がやっていない新しいことに挑戦するのが好きで、年齢を忘れて水泳を楽しみ、友人とコミュニケーションを図りながら、今日も水しぶきをあげられることは何といっても素晴らしいことだと思っている。

水泳は全身運動かつ有酸素運動。全身運動＝普段使わない筋肉を動かして、凝り固まった筋肉をほぐしてくれる。有酸素運動＝血液の流れをよくして脂肪の燃焼効果があるうえ、血行が良くなり、肩こりの解消などにも適していると思う。特に、クロールや背泳ぎは、無理なく肩回りの関筋や筋肉の可動域を広げ、かつ筋肉にも適度な負荷がかかり、筋力アップにも期待ができるのではないかと考えている。

2、61歳からスイミング

水泳はストレス解消を始め、全身運動で血行が良くなり、また、内臓の調整にも良いと言われていることから、以前からぜひやりたいと考えていた。そこで、第一期現役（満60歳）を引退した翌年の2001年（平成13年）、再就職した61歳の春、行動に移した。

毎週木曜日、会社の勤務を終えた午後8時から、当時、社会保険事務所の管轄であったペアーレ彦根の中級スイミングコースに通い始めたのだ。最初は中級スイミングといいながらもその中級の中の初級レベルの4コース中の1コースで、泳法を中心に指導を受けることになった。今から当時を思い起こしてみると、クロールで25メートル泳ぐのが精一杯という感じで、当然のことながら背泳ぎやバタフライなどは全く泳げない人であった。

しかしながら、9年後の2010年（平成22年）10月（70歳）には、4泳法を織り交ぜた形の中で約1時間、トータルで1000メートル程度を泳げるまでになった。週に2、

3回、定期的にバタフライ、背泳、平泳ぎ、クロールの4泳法を織り交ぜて泳ぐ。キックをしながら、また腕を回しながら身体を曲げたり、伸ばしたり、そして、大きく左右にひねったりする。身体全体をくまなく動かすことから、全身血行が良くなると同時に呼吸器も活発になり、肺活量も自然と増えていった。何よりも大きな変化を実感したのは「便通」で、大腸が収縮して便を運ぶ「ぜん動運動」と呼ばれる運動が、泳ぐことによって内臓にも適度な刺激が加わり、この運動をさらに活発化させ、便通が良くなってきているのを実感している。

3、65歳で「ザ・8耐」初出場

中級スイミングに通い始めて5年目の2005年（平成17年）、65歳の時、全国規模のスイム駅伝、「8時間耐久レース」が彦根市で開催されていた。

この大会は、4人1チームとなり、1人が1時間ずつ泳いでリレーして、もう一度これを繰り返す。つまり1人が計2時間泳ぐことになり、4人の合計8時間で、どれだけの距離を泳いだかその距離を競う競技である。地元の彦根として、この大会を底辺で支えていこうという機運が盛り上がる中、仲間の誘いなどもあって、「ペアーレ彦根」のメンバーとともに出場する機会が訪れた。そこには、今の自分ができることを、できる限りやっていきたいという気持ちが大きく働いた。これは偶然ではなく、必然と受け止め、筆者の闘志に新たな火を付けることになった。以来、毎年この8時間耐久レースに出場することを自らの健康管理や身体づくりの柱に据えた。そして、年間を通じてこの大会に照準を合わせた形でトレーニングをする、練習をこなすプログラムを作成し、それを実施することにした。

『「ザ・8耐」スイム駅伝インひこね』は、毎年8月、滋賀県営屋外50メートルプールに県内を始め、全国から約50チームが参加して盛大に開催されている。チーム名は、「ペアーレ彦根のホンモロコ」とした。その名前の由来は、琵琶湖の水の汚染やヨシ原などの減少による環境の悪化、それによるホンモロコの繁殖数の激減に加え、ブラックバスやブルーギルといった外来魚に脅かされる中、それでもたくましく生きようとする「ホンモロコ」のように泳ぐチームでありたいとの願いからである。

8時間耐久レースに挑戦中

余談だが、滋賀県水産課によるとホンモロコの漁獲量は、かつて300トン前後で推移していたが、1995年を境に急激に減少。2004年以降は10トン以下の状況が続いているという。出場することが決まった当初、出場するとは言ったものの、本当に1時間も続けて泳ぐことができるのだろうかと、今一度自分に問い直す始末で、不安と心配が交差し、それが日々重荷になっていたことは紛れもない事実だった。

そこで特別にプールに足を運び、まず20分間続けて泳ぐことから始めようと考え、別メニューで陰の特訓に入った。この時ほど20分という時間を長く感じたことはなかった。素人のような疑問だが、「何を考えながら1時間続けて泳ぐのか？」と自問自答してみたところ、孫と遊んでいる様子、グループ活動のこと、海外旅行の様子などなど、楽しいことを頭のスクリーンに映し出しながら泳ぐことにした。また、目標の持ち方については、背伸びをしてちょっと手を伸ばせば届くくらいの目標を掲げて、努力、失敗、挑戦を繰り返し、昨日の自分にはなかった今日の自分を見つけようと、コツコツと日々練習に励んだ。何回か練習を重ねていると、なんとか20分間続けて泳ぐことができるようになりホッとする。回を重ねるにしたがって、その単位を20分から30分に広げた。また、これがクリアできれば、今度は40分、50分へとさらにその幅を広げていった。今思い返すと、1時間続けて泳ぐまでには試行錯誤の末、2か月くらいの日数が経過したように思う。

「1時間続けて泳ぐ」。この夢のまた夢が現実のものとなった時は言葉に表せないほどとても嬉しかった。月並みな言葉だが「おれもやればできるのだ！」と、もう一人の自分と喜びを分かち合ったくらいだ。これまで、考えもしなかった高いハードルを越えることができた。「1時間続けて泳ぐ」という夢が達成できたのだ。心の中で「やった！」と、小さいけれども強固なガッツポーズをとり、達成の喜びをしみじみと味わう。それは感激そのものだった。

「the 8 耐」SWIM EKIDEN 2014 in ひこね

◇と　き：2014（平成 26）年 8 月 24 日（日）9 時〜17 時
◇ところ：滋賀県立彦根総合運動場内スイミングセンター
◇天　気：曇り 時々小雨　　　　（屋外 50m プール）

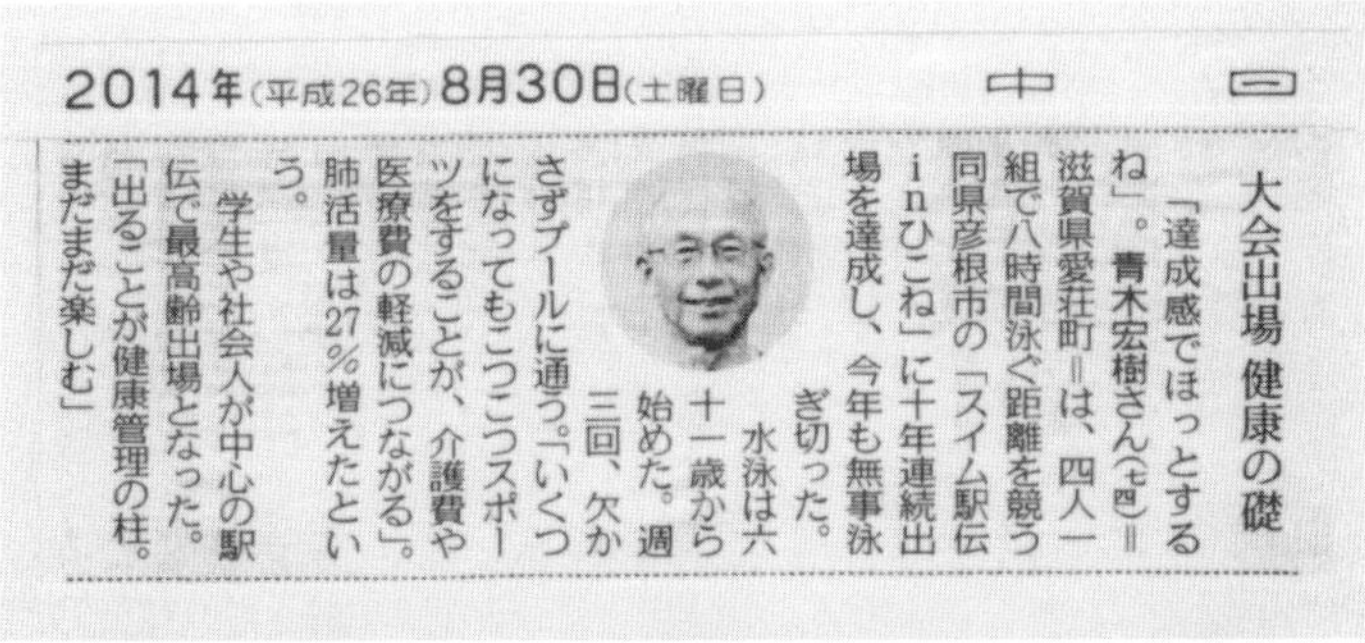
2014年(平成26年)8月30日(土曜日)　中日

大会出場 健康の礎

「達成感でほっとするね」。青木宏樹さん(七四)＝滋賀県愛荘町＝は、四人一組で八時間泳ぐ距離を競う同県彦根市の「スイム駅伝inひこね」に十年連続出場を達成し、今年も無事泳ぎ切った。

水泳は六十一歳から始めた。週三回、欠かさずプールに通う。「いくつになってもこつこつスポーツをすることが、介護費や医療費の軽減につながる」。肺活量は27％増えたという。

学生や社会人が中心の駅伝で最高齢出場となった。「出ることが健康管理の柱。まだまだ楽しむ」

安田 5,300　鹿谷 5,525　青木 4,475　山下 4,475　合計 19,775m
チーム「フィットウィル ニューほんもろこ」

10年連続で出場しました

ちなみに、2013年（平成25年）の大会には、南は沖縄、北は青森とほぼ全国から49チームが参加。9年連続出場の筆者は、BMI値21・22台を常にキープ。気がつけば出場選手196人中、いつの間にか最高齢に位置していた。自分の体調に合わせてマイペースでやってきたお陰で、年を取ってからでも継続することの尊さをしみじみと噛み締めるとともに、夢をつかみ取っていくんだという心意気をさらに大切にしたいと心に誓った。この経験を通じて、かの松下幸之助氏が「経験せよ、経験は宝である」という言葉を残されているが、まさに、この瞬間に自分の宝物の一つを獲得できたと実感した。そう感じると同時に、学生時代から鍛え上げている選手なども多い中、速さではとてもかなわないが、年老いてからでも耐久性なら誰にも負けないという身体と精神力を養おうと、遥か彼方《かなた》に次なる目標、「90歳で日本マスターズ水泳・短水路1500メートルに挑戦」を掲げている自分にも気づいた。

4、69歳で泳力検定2級

「ペアーレ彦根」に通い始めて1年が経過した２００２年（平成14年）春（62歳）から、自己の能力に応じて競技をより楽しむため、湖東プールの中級スイミングにも入会、毎週土曜日、夜7時から1時間練習に励むことにした。ここでは、教室に入る前のウォーミングアップで３００メートル程度泳ぎ、レッスン前の体調を整える。教室ではコーチから４泳法を織り交ぜながら、25メートル、50メートル、１００メートルをタイム制で泳ぎ指導を受ける。実質１２００メートル程度泳ぎ、トータルで１５００メートルになる。このプールでは滋賀県マスターズ大会などへ出場の機会もあり、イトマングループの大会にも年に数回出場することができる。その大会では同年代の人たちと肩を並べて競技に参加することになり、自ずと自分自身の能力や同世代の中での自分のレベルを知ることもできるのである。また、公式記録が残ることから毎年良い刺激を受け、次の目標値設定にもつなげる楽しみも生まれてくる。

　そして、何よりの楽しみは、大会終了後開催される「反省会」で、若い人たちに囲まれてワイワイ、ガヤガヤの中から得るものが多いことだ。メンツやプライドにこだわって、他人から学ぼうとする意欲がなくなれば、そこで成長もストップしてしまう。だから筆者は、年々新しいものがどんどん取り入れられ、変化し進む時代に乗り遅れまいと、少しでもついていきたい、ぶら下がっていきたいという強い思いから、自分から若い人たちに声掛けをして、コミュニケーションを図ってきている。２００９年（平成21年）10月（69歳）に開かれた第12回 東海・いずみ21マスターズ合同水泳記録会（65～69歳の部）では、個人メドレーリレー１００メートル＝１分57秒88の記録を出し、財団法人日本水泳連盟の定める泳力検定基準（60歳以上・２分20秒以内）で泳力検定２級の認定を受けることができた。この時は、まさに自分で自分を褒めてあげ、さらにやる気に拍車がかかった。

5、77歳で4300メートル

◇「8時間耐久水泳駅伝」各年 2時間のトータルレコード（※は肺活量）

2005年（平成17年）　65歳　5100メートル
2006年（平成18年）　66歳　5400メートル
2007年（平成19年）　67歳　5325メートル　※3650cc
2008年（平成20年）　68歳　5200メートル　※3750cc
2009年（平成21年）　69歳　4950メートル　※3810cc
2010年（平成22年）　70歳　4850メートル
2011年（平成23年）　71歳　4950メートル　※4170cc
2012年（平成24年）　72歳　4625メートル
2013年（平成25年）　73歳　4675メートル　※4620cc

２０１４年（平成26年）　74歳　４４７５メートル　※４５００cc
２０１５年（平成27年）　75歳　４４５０メートル　※４０００cc
２０１６年（平成28年）　76歳　４２５０メートル　※５２００cc
２０１７年（平成29年）　77歳　４３００メートル　※４５００cc

8時間耐久水泳駅伝の初挑戦以来、筆者にとってこの大会に出場すること、すなわち1時間続けて泳いだあと、３時間休憩後にもう一度1時間続けて泳ぐという試練（ハードル）が、毎年8月に訪れることになった。この大きな目標を達成するためには、毎月、ひいては毎日、毎週何をすべきかというタスクを決めて、そのタスクをクリアしなければ、ハードルを越えることはできない、「折れない心は希望である」と、自分自身を叱咤激励する日常となった。

筆者の健康管理の大きな柱（目標）は「この大会に継続して出場すること」と位置付けて、健康づくりを遂行することとした。この目標を達成するための体力を維持する基本は、何といっても先に述べた毎朝４キロのウォーキング（約５０００歩）とストレッチ（柔軟体操20分）を継続して実施することをベースにして、さらに強化していくことだと考えた。

そこで、足腰を鍛え、キック力の補強も考えて毎週金曜日、中高年を対象にした卓球教室（彦根市）にも足を運ぶようになった。

２０１０年（平成22年）11月（70歳）の中級スイミングのメンバーは、会社員や主婦を始め県職員、学校の先生、医師、自営業者と多種多様だ。また、年齢層も20代から70代まで と幅がとても広い。とりわけ異業種人間交流の場といった雰囲気だ。練習後のサウナには、インストラクターの大学生諸君も合流して話が弾む。吹き出る汗を拭きながら、今日の練習はハードだったとか、４コースは２００の個人メドレーが入ってとてもきつかったなど、教室の内容を始め、仕事のこと、そして、海外出張での出来事などの話に花が咲き、サウナの小さな室内は熱気が充満して、さらに話の内容がヒートアップし、みんなのモチベーションが一層高くなるのであった。

そのような楽しい環境に浸っている中、水を差すようなことが発表された。琵琶湖を望み、国宝・彦根城に隣接する県立彦根総合運動場の一角にある県営50メートル屋外プールで開催されていた『「ザ・8耐」スイム駅伝インひこね』は、２０２５年滋賀県開催の第79回国民スポーツ大会、第24回全国障害者スポーツ大会の主会場・陸上競技場となるため２０１７年の大会を最後に、多くの人に惜しまれながら、その大会の中止を余儀なくされることになったのである。寂しさは込み上げてくるが、これも時代の変化の一つとして受け止めようと思う。

6、肺活量の増加に驚く

近年、呼吸が浅くなって、慢性の軽い酸欠状態の人が増えていると耳にする。軽い酸欠状態になると、さしあたっては必要でない筋肉への酸素供給を自動的に減らして急場をしのぐ。その結果、動けなくなるほどではないが、完全には機能しない筋肉があちこちにできてしまう。筋肉が落ちるだけでなく、筋肉の柔軟性もなくなる。この酸欠による筋肉の硬直化が、様々な身体の不調の原因となる。当たり前に自然にしている呼吸を今一度見直す必要がある。

普通に生活をしていると何も感じないが、やはり呼吸は深く大きい方が健康と言える。人間ドックなどで測定する肺活量が、そのボリュームを数値で示してくれる。筆者の肺活量は、水泳を始めて5、6年後の2007年（平成19年）には、3650cc（日本人男性のほぼ平均）であったものが、6年後の2013年（平成25年）には、4620ccと26・57％（970cc）も増加していることに気づいた。この増加ぶりには、正直言って本人の筆者自身が驚いている。T主治医の言葉を借りれば「熱心にスイミングに励んできたご褒美と言える」。やはり水泳を長年継続して実施してきたお陰だろうかと、ちょっぴり嬉しくなると同時に、過去に囚われず、今を生きてきたからこそ報われたことも事実だ、と自分を褒める。

7、今日も充実した一日だった

2008年（平成20年）4月（68歳）、地元の市区自治会区長という大役を終えたことから、水泳の予習復習の場として彦根、湖東に次いで、愛荘町内にある「秦荘健康プール」にも通うことを加え、毎週月曜日の夜6時から約1時間30分、このプールで水泳の自主トレをすることにした。彦根や湖東のプールで、インストラクターからアドバイスを受けた内容を繰り返し実践に移す場と考え、また、体調を整え、体調を確認する場として、私的に50分間で連続して1800メートル程度泳ぐことを実践している。

これは彦根で開催の「8時間耐久水泳駅伝」（後に2017年の大会が最後となる）に出場するために「1時間続けて泳ぐ」体力や精神力の保持増進を図るためだ。同時に、何よりも自分自身に自信を付けるための訓練の場として、欠かすことのできない大切な練習と位置付けている。従って、準備体操は独自のメニューで、10分程度しっかりやってからプールに入り、次に50分間続けて泳ぐ。練習後は、ジャグジープールにゆっくりと浸かり、ブクブク泡を相手に思うままの姿勢で20～30分無心を楽しみ、疲れた筋肉をほぐし身体をねぎらう。

また、ジャグジープールでは、水泳教室に通う子どもたち（孫と同じ年齢層）との会話にも熱が入る。「何年生？　何歳から水泳しているの？」などの質問にも笑顔で元気な答えが返ってくる。中には腕の力コブを見せると、「筋肉触らして」などと言って近づいてくる子どもや、「どうしたらそんなになるの？」などと質問する子どももいて、70年近くの年齢差も感じずにすぐに彼ら、彼女らと友達になれるのも不思議なものである。

8、良き仲間はエネルギーの源

シャワーを浴びて着替えると、ホカホカした温もりがじわりと身体全体を包む、心地よい疲労感を味わいながら、おもむろに一歩屋外に出る。冬季などはその瞬間、冷気が全身を覆い、身も心もシャキッと引き締まる。そして、吐く息は白く、その息も夜の闇に消える。今日も泳ぎに来て良かった、泳ぎに来られる身体に感謝する気持ちで一杯になるひと時である。

この気分を共有するプール仲間の一人が、ある時唐突に「引き締まったいい身体ですね」「いつも、黙々と泳いでおられるのを見ています」と嬉しい言葉をかけてくれた。毎年8月末の日曜日に開催される「8時間耐久レース」に出場することを目標にして日々練習に励んでいること、また、これを自らの健康管理の柱に据えていることなどを話す。すると彼は「大会などに出場するという目標を持つことが大事ですね」「何よりも良き仲間がおられるということは、羨ましい限りです」と付け加え、筆者を喜ばせてくれた。正に、良き仲間はエネルギーの源であり、人生の財産だとの認識を新たにする。同時に、プラスに思えることは、積極的に受け入れてきたお陰だと振り返る。

帰りの車中、窓を開けるとヒンヤリとした風が気持ちよく通り過ぎ、その風が疲れきった身体を労わってくれるようでもあり、とてもすがすがしい気持ちに浸りながら、車を走らせるのもなかなかいいものである。何と言っても、泳いだ後のビールはまた格別にうまい！　そして効用は通常の1・5倍近い酔いを誘ってくれる。

「今日も充実した一日だった」「よくやった」と自分を褒め、一日を振り返りながら感謝の念を胸に、満足してうとうとしながらの夢心地。テレビを見ているようで、見ていないような最高の時を楽しむ。以上からも理解いただけるように、「人生に挑戦」とばかり、健康管理に少し拘《こだわ》って日常生活を組み立てて久しい。また、その日、その日を有効にそして大切に過ごし、その日一日を全力で生ききる。身体を十分に疲れさせることが熟睡への道に誘ってくれ、これもまた、日頃のストレス解消にもつながる。そこには人知では計ることのできない偉大なXの力が作用しているようにも映る。

第7章　ワクワク　ドキドキ　忘れずに

1、73歳の週間スケジュール

〔2013年（平成25年）〕73歳当時の週間スケジュール。ここには、90歳から100歳を目指す70代には「エネルギーを蓄える」の心得が何よりも大切と考え、密度の濃い日々への思いを込めた内容にと意を注いでいる。また、70代は80代、90代への「通り道」との意識も強く抱いていた。

［月］朝体操20分　歩き4キロ　作文　午後隔週謡曲　夕方プール（1800メートル）
［火］朝体操20分　歩き4キロ　絵画　作文　夕方歩き4キロ
［水］朝体操20分　歩き4キロ　ゴルフ（雨が降らなければ隔週）
［木］朝体操20分　歩き4キロ　午後隔週カラオケ（彦根）　夜プール
（1000メートル）
［金］朝体操20分　歩き4キロ　作文　午後卓球（彦根）　夜隔週整体（自宅）

［土］朝体操20分　歩き4キロ　午後日本語ボランティア講師　プール
（1300メートル）
［日］朝体操20分　歩き4キロ　絵画　午後作文　夕方歩き4キロ　ストレッチ

【ボランティア活動】
地域支援グループ「さざなみ」代表幹事　町国際交流協会外国人支援部会長（日本語教室ボランティア講師）　町認知症キャラバン・メイト

2、100歳になっても自立生活

『誰にでも訪れる「老い」とどう向き合えばいいのか？』を念頭に、90歳、100歳になっても自分の脚で立って歩くことができる、そして、自立した生活が送れる健康長寿こそが、誰もが思い描く理想の「生き生き快老」だと筆者は考えている。そんな健康長寿を実現するためには、肥満を防ぐことが重要な要素の一つになると言われている。一般論で恐縮だが、肥満防止の方法を端的に言うと、食事量などの摂取カロリーを減らす一方で、日々身体を自由に動かすことによって、消費するカロリーの増加に努めることが最も重要なポイントである。一言で言えば「足し算と引き算」ということになると思う。特に、食事面でのカロリー制限は何よりも大切で、食べ過ぎは寿命を短くし健康を害する。そして、老化にも悪影響を及ぼす原因になる恐れがあることは、学者の説からもうなずける。いつまでも若々しく元気に過ごすためには、一日三食の食事をバランスよく取り、日々腹八分目でおいしく食べながら、健康体の維持に努めることが何よりも肝要だろう。肥満を解消するには、摂取カロリーを減らし、消費カロリーを増やすことが何よりも大切だということは、すでに多くの人が知る周知の事実である。しかし、言うのは簡単だが、これをさて実行に移すとなると、まず、自分自身との闘いから始めなければならない。それは健康のために腹八分目が良い、もう少し欲しいがやめておこうという自制の心がある一方で、珍しいから、せっかくだから、これぐらいなら大丈夫だろうという、放縦の心が真っ向から対立するので、その妥協点をどう見つけるかがポイントになる。

今日の日本では食べたいものがいつでも、どこでも、手頃な値段で食べられる。現在

「飽食の時代」を迎えているからやむを得ないといって、欲望にまかせ好きなだけ食べていたら、肥満者の割合がどんどん増えることになるのであろう。それだけにとどまらず、その肥満者の多くが高血圧、糖尿病、脂質異常症などの生活習慣病や癌《がん》を招いても何ら不思議ではない。最近の研究では、食べ過ぎが老化を早め、認知症になりやすいことも次第に明らかになってきている。また、食べ過ぎが良くないことは、サルやネズミなどを使った動物実験でも科学的にも証明されてきている。

3、人生の卒業論文

ある年の春、地元老人会の親睦旅行で四国・道後温泉に行った時の話だが、同じ部屋に泊まった友人から、なじみやすくとてもシンプルな「一日の健康指標」なるものを教えてもらった。

それは、１日１回読書。１日10回笑う。１日１００回深呼吸。１日１０００字、字を書く。1日1万歩、歩く。であった。この中で唯一、1日1万歩は辛うじてではあるがクリアしていた。しかし、他の項目は、日頃気にはしていてもなかなか実行が伴っていないことから、良いことを聞いたと思い、以来この「一日の健康指標」を日々意識するようにして、生活習慣の中に取り入れようと務めている。

目標に向かって、ただひたむきに信念を持ってこの道を歩み続けていれば、何か奇跡が起こるのではないかと、自分の中の確固たる夢を後押ししてくれるような環境が、また新たに『私の夢』の実現に力を貸してくれるように思えるのであった。仏様が筆者に「オンリー ワンの道」、筆者にしか歩むことができない道、誰もが通らぬ道を「与えてくださった人生」とありがたく受け止め、その道を極めたいという思いを改めて強く抱き、意を決することになった。

そうした中で、「よしっ」この世に生きていた足跡を形にして、どこかに残しておこうという欲張った思いが、知らず知らずの間に心のどこかに宿ってきていた。その一つの表れが魂を込めて一年に一作品の油絵を制作する、「入魂一年一作」の精神である。同時に、「虎は死して皮を留め、人は死して名を残す」と古くから言われているが、筆者は、日常生活の中で「あっ、これは……」と思ったこと、そして、皆さんから聞いた貴重な意見や、自らの考えなどをその時、その時、思いつくままに徒然草《つれづれぐさ》（エッセイ）につづり、人生の卒業論文「次の世代に伝えたい私のメッセージ」にまとめようと、今日もせっせとペンを走らせている。また、そうした思いの中には「ひとりのお年寄りが亡くなると一つの図書館が消える」という諺《ことわざ》があると聞くが、人が一生で得る情報や知識がいかに膨大であるかを物語る興味ある言葉だ。筆者が人生の卒業論文を記すことは微々たるものでたわいないことかも知れないが、一人の人間として自分なりに後世に残したい思いを形にしておきたい、という思い以外の何ものでもない。それが今、あなたに読んでいただいているこの本である。

家族をはじめ、学校や職場、そして、大きくは社会全体など、今日まで筆者を育ててくださったことに対する感謝の気持ちを世間にお返しをしたい、という思いが心の奥底でその出番を待っていた。それが人生で体得したことを書きとどめ、次の世代へのメッセージにしようという発想につながったものだと考えている。「わしの人生はこれからや！　やらなあかんことといっぱいある！」こんな意気込みで、これからも克己心を培いながら自分自身を鼓舞し、自分との葛藤《かっとう》を楽しみながら実りある日々を送りたい。最後に、「池にポツンと投げ入れた小さな石、初めは小さな波紋かも知れないが次第に大きな輪になり、そして、岸まで届け！」そう願っている。

4、油絵 50号にトライ

晩秋の空を突くようにそびえるメタセコイア。勢いよく伸び、そして、複雑に絡み合う枝、独特の茶褐色の濃淡、その色合い……。「ここはどう表現すればいいのか？」「どうすりゃいいの？」と、もうひとりの自分と問答を繰り返す日々が続く。そこに猛暑日が重なる。東京電力福島第一原発の事故を受けて、関西電力でも、需要者に対し15％目標の節電要請が出されるなど、今日の電力使用状況が気になり始めた頃だ。従って、自宅奥6畳の間、自称「アトリエ」は、網戸から入る自然の微風と、部屋の入り口に備え付けた古い扇風機が運んでくる生温い風で、いささかの涼らしきものを感じ取る仕組みになっている。制作時のスタイルは、晒しの腹巻にショートパンツで、額から胸から背中から、そして手の甲からも汗がにじみ出て小さな水玉が光る。次第にその水玉は膨らみ、いくつかの水玉が合わさって流れる。それをタオルで拭いながらの制作だ。

２０１１年（平成23年）７月８日、例年より早い「梅雨明け宣言」がなされて以降、夏日が続く。暑さに加え自分との闘いの中で、最後の仕上げに精を出すが、ここでもまた「ここはどうすりゃいいの？」と、度々難関にぶつかり頓挫、絵筆が止まる。まさに「産みの苦しみ」ということであろうか？

そんなある日、孫のSくんから『じいちゃん、絵だいぶできた？』とかわいい問いかけの電話が入った。春のゴールデンウイークに来た時、制作現場を見ていて気に掛けていてくれたのだろう。この一言が、筆者の脳裏に嬉しく響き、ややもすると停滞気味の「やる気」を喚起させてくれた。以来、猛暑との闘いの中ではあるが、この言葉に背中を押され、制作に集中することができた。「Sくん、ありがとう」。

7月18日、早朝、日本中に歓喜と勇気を届ける嬉しいビッグニュースが飛び込んできた。ドイツ、フランクフルトで開かれていたサッカーの女子ワールドカップ ドイツ大会で、日本代表の「なでしこ ジャパン」が、決勝戦で強豪米国を制して初優勝したというのだ。チームの原点は、３月11日発生の東日本大震災で、被災された人たちを励ましたいという決意だった。そして、最後まであきらめない気概で粘り強く戦う精神が、この勝利をたぐり寄せたと日本国民の多くが確信したのではないだろうか？　先行されても追いつくという驚異的な粘りの末、米国を下した「なでしこ ジャパン」。東日本大震災の被災地に勇気と希望を与え、被災された人たちも復興への思いを新たにされたに違いない。また、筆者自身も「最後まであきらめない」精神でオンリーワンを目指し、制作に拍車をかけるとともにベストを尽くそうと改めて心に誓う。

5、新しい自分の発見　いちばん嬉しい

一つの作品が完成したら、次の1ランク上の難しい画題に挑戦する。新しいことへの挑戦を忘れない、チャレンジあるのみである。まずはあきらめないで、とりあえずカンバスの前に座る。作品と対面しながら試行錯誤を繰り返す。するとどこをどうすればいいのか？　神様がそのヒントを与えてくださるような気がする。そうこうするうちに、堅く閉ざされていた扉が開き、そんな時に今まで考えてもみなかった方策が浮かんでくる。苦悩

する時間が長ければ長いほど、このヒラメキを得た時の喜びは倍増するものである。

「俺にもこんなことができるのだ！」と、新しい自分を発見した時、何と言ってもいちばん嬉しい。この喜びは他にたとえようのないもので、誰にも言えない筆者一人の秘密だ。この喜び、そして感動が忘れられないから、また次に少し背伸びをした一段高い目標を目指し、その目標に挑戦してみようという勇気を与えてくださるのだと理解している。一つの課題が成就すると、また次の少し上の課題に挑戦してみようという新しい勇気と強いエネルギー、すなわち「やる気のマグマ」が心の奥で湧いてきて、途絶えることのない螺旋階段を駆け上がる。ここに今日生きている喜びを実感すると同時に、人生をワクワクさせてくれる根本があるように思う。ありがたいことだ！　筆者には、特段センスがあるとは思えないし、技術的に上手だとも思わない。ただあるとしたら、目標を見つけ、その目標に向かって、辛抱強く一歩一歩歩む亀さんのように続けて行く「しつこさ」と、それを成し遂げようとする「やる気」、そして、完成した作品に満足している自分の姿を想像するポジティブな気持ちである。

6、認知症　キャラバン・メイト

認知症になっても、安心なまちづくり啓発活動の一翼を担うとともに、市老人会「友愛いきいきサロン」の担当をしていたことから、２０１１年（平成23年）10月25日、彦根市福祉保健センターで開催された、厚生労働省が推進する認知症サポーターキャラバン事業「キャラバン・メイト養成研修」を受講することとなる。尊厳をもって最期まで自分らしくありたい、これは誰もが望むところで、この願いをはばみ、深刻な問題になっているのが「認知症」だ。今や老後の最大の不安となり、超高齢社会を迎えようとする日本にとって、最重要課題の一つになっている。

ちなみに、「認知症」は、脳の細胞が死んだり働きが悪くなったりすることで、物忘れや妄想、徘徊《はいかい》などの症状が出て、日常生活に支障がある状態をいう。これは、誰にでも起こり得る脳の病気によるもので、65歳以上では５人に１人、85歳以上では４人に１人にその症状がある。

　厚生労働省は2012年（平成24年）8月24日、認知症になった高齢者数の新たな推計結果を公表した。今年度で既に300万人を突破し、2002年の149万人から10年間で倍増。65歳以上の高齢者人口の1割に達している。2025年には470万人となり、旧推計（2002年段階）の323万人より大幅に増える。

　そうした中、「より良い生活を1日でも長く続けてもらいたい」。そんな願いを込めて脳に刺激を与えることで、心や身体の元気を少しでも取り戻してもらおうと、いろいろな取り組みがなされている。

　その中の一つに、静岡市の看護師・増田末知子さんが考案した、認知症予防のための脳活性化リハビリゲーム、「明るく」「頭を使って」「あきらめない」の頭文字「あ（A）」から名付けた「スリーA」というのがある。プログラムは、発声練習や簡単な体操から始まり、数種類のゲームを行う。テンポが変わる手遊びでは、みんな自然と笑顔になり、表情も生き生きとする。他にパズルを楽しんだり、箱や竹を太鼓のようにたたいたりして、脳に刺激を与える仕組みになっている。認知症の人が、記憶障害や認知障害から不安に陥り、その結果、周りの人との関係が損なわれることもしばしば見られ、家族が疲れ切って、共倒れしてしまうことも少なくないという悲しい現実が目の前に広がる。

7、ダンスは0・24

こうした現実を迎えている今日、ある調査では、認知症を寄せ付けない工夫（ヒント）として、次のような対比を出している。認知症になる人は、人付き合いがよく話し相手が多い人が1000分の19人であるのに対して、人付き合いが苦手で話し相手が少ない人は、1000分の156・9人と多くなっている。何もしていない人が、認知症になる率を1とした場合、軽い運動をした人は0・69、週3回30分以上歩く人は0・39、読書をしていた人は0・65、楽器は0・31、チェスは0・26、ダンスは0・24だった。また、耳を使う（曲に合わせて歌う、踊る）、相手がいる（身だしなみを考える）、鏡を見るとき笑ってみる、などは脳の働きが活発になる。

ある地方には、初物を食する時、「ホッ　ホッ　ホッ　ホッ　ホッ」と5回笑ってからいただくと、75日長生きするという話が伝わる。また、中国には、「一笑一尺」（一回笑うと寿命が一尺伸びる）という諺《ことわざ》があるとのこと。これらの話は、「笑うことが脳の働きを活発にして、健康に良い影響を与える」ということ。先人からのメッセージとしてありがたく受け止めたい。現在はまだ、認知症の根本的な治療法は確立されておらず、病状の進行を一時的に抑える対症療法にとどまっているのが現状である。

一方、最近の研究では、認知症になると、匂いの感じ方が悪くなっていくという研究結果が出ている。この結果からひも解けるのは、柑橘類《かんきつるい》＝ミカン、ダイダイ、ユズ、レモンなどの香りは交感神経を刺激して、前頭葉の血流を良くし、活性化させることによって認知度を改善するという仕組みがあるようだ。従って香りを使っての早期発見や、早い時期での悪化防止療法に香りが活用される日もそう遠くはなさそうだ。また、最近、アメリカで試された研究では、「ココナッツオイル」がアルツハイマー病を改善する、症状の緩和に効くことが判明したというニュースも伝わってきている。今や世界をあげてあらゆる方法で認知症の予防や治療の研究やテストが繰り返され、認知症の予防医学や治療の手法、薬の開発が試されていることから、「認知症の確実な対応策」について、春の足音を聞くのもそう遠くはないはずだ。

自分の歯で物を噛んでいる人は、脳に刺激を与えるのに対して、歯が抜けて歯茎だけで噛んでいる人は脳への刺激が伝わりにくい。ガムを噛むなど噛むことが大切だと自覚して、日頃の食事や口腔ケアを見直し、こちらの方向からも認知症を寄せ付けない工夫と努力をしたいものだ。認知症対策の一つとして、次のスローガンや意識づけを自分の周囲の人々にも伝えていって生かしてほしいと切に願うものである。

「ぼけまいぞ　歩こう読もう　夢持とう」

「ときめきの　心が肌に　張りと艶《つや》」

「おしゃべりと　笑いで寄らぬ　認知症」

次の「カ　キ　ク　ケ　コ」の言葉（意味）を日常生活の中にできるだけ多く取り込んで、脳に仕事をさせる、脳をピカピカ輝かせる。そして、認知症を寄せ付けない生活、楽しく幸せを感じる高齢生活を送っていただきたい。

（カ）感動：物や自然の変化等をありのままに深く感じて心を動かす（富士山頂でご来光を迎え感動する）

（キ）興味：人の関心をそそる面白み（海外旅行や映画、釣り、ゴルフに興味を持つ）

（ク）工夫：あれこれと考え、良い方法を見つけようと努力する（何事にも工夫する。家を建てる＝間取りは、壁は、屋根はどうしようかと工夫する）

（ケ）計画：物事を行うために、その方法、手順など、筋道を立てて企てる（旅行に行く＝新幹線に乗って、電車やバスを乗り継いでと時刻表片手に計画を立てる）

（コ）恋：異性に愛情を寄せること、その心（異性に対して恋心を抱くと同時に、仕事や趣味などにも恋をする）

8、ワクワク ドキドキで 認知症予防

真面目一筋の人生も良いだろうが、この年になって考える時、遊び心の一つや二つある人の方が、話題豊富で話していても面白く、付き合い上手の人が多い。言い換えるなら、ちょっとハメを外すぐらいの方が、日々変化があり、刺激的で退屈知らずと言える。そうしたことから、いくつになっても愛（恋心）を忘れないことが、精神的な健康に良いと言

われる所以《ゆえん》だろう。そこで、心から燃えることができる目標を持ってみてはどうだろうか。特に、「連れ合い」に先立たれ、独り寂しいあなたに耳寄りな話。男性なら女性の友達を作り、最初はメールや電話のやり取りから始め、徐々に交際の日々を重ねる「大人の恋」を勧めたい。時期を見計らって、お茶や演奏会、展覧会、ダンス、そして、ウォーキングやハイキングなどにも誘ったり、誘われたりするのも乙なものだ。

また、二人で一緒に食事をする機会など得たならば、それは千載一遇のチャンスと受け止めたい。そのチャンスが訪れた際には、服装などにも気を配り、生活にリズムをつける。おしゃれを楽しむとか、話題なども前もって準備をし、その日のためにあれこれと工夫し、考えるようになってくる。今度はいつ会えるかな？　会ったらどんな話をしようかな？そうして気持ちの上では10代、20代の若者のように、ワクワクしながら時を過ごす機会が増えれば増えるほど、心に良い刺激を与えるだろう。段階を経て、デートを重ねる中、趣味や人生を語り、明日への夢を語っていくと、瞳はおのずと輝きを増し、生き生きとした生気がみなぎってきて、毎日が「特別な日」になることは間違いない。同時に、いくつになっても、男女が出会い、手や頬などへのスキンシップを図って刺激を求め合うことが、心と身体の健康に良い環境を醸し出すと言われていることからも、やはり、儚くても常に愛（恋心）を持ち続けたい。

しかし、その「愛」は、残念ながらお金で手に入れることは難しく、チャンスをうかがいながら、自らの愛と熱意でもって勝ち取るしか他に方法はない。時には手を取り合って、また、人目を気にしてはその手をそっと離したりしながら、人影もまばらなお寺やお宮の参道を散策して、夢に酔うのもワクワク ドキドキさせてくれるひと時となる。この心のときめきを大切にしていれば、それだけ人生の輝きも増してくるはずだ。

人生をより楽しむために、たまには勇気を出して、さり気なくそっと口づけするふりなどしてみてはどうだろうか。「何したん！」と、イエローカードを突きつけられる「不良老人」を演出して見せるのも、血行を良くし、気分をさらに高揚させてくれ、若返りに欠かせない名案かと提案したい。「若いな、キレイだなと思われたい！」これは、女性ならだれもが抱く願いだ。一説によると、「強い愛」を感じることによって、「美しく若く」なっていくと言われている。また、女性は「愛」の影響が外見にすぐに表れてくることは多くの人が認めるところだ。「愛」を実践することによって、「若いな！　キレイだな！」という魅力を養えば、さらに強い愛を得ることができ、良い循環が生まれ、魅力が一層増していく。

そうした中に、「生きがい」すなわち、生きる喜びや生きる力を共に補完し合いながら、限りある人生を最大限にエンジョイする夢を自らが描いていけば、自然と頬を紅潮させるように血の巡りも良くなるだろう。何よりも脳の働きが活発になり、脳は一層ピカピカ輝いて、若さの維持と健康増進につながることは疑う余地がないと思う。その若さ維持と健康増進は、現在の日本、ひいては将来の日本が対峙することになっている「超高齢社会」の最重要課題の一つになっている「認知症」の予防につながることは間違いないと筆者は断言したい。

第8章　大切な一歩一歩の積み重ね

1、大峯山で精神修行

「行者講」とは、山岳修行をする目的でその昔結成された修験の「講」のことで、聖なる山に分け入って修行する者を修験者（山伏）といい、全国各地に山伏の集団が結成された。関西では奈良県にある大峯山で「行」を行う場合がほとんどと言われ、修行は野性味あふれ、力強く神秘的なものだ。

「近江斧《まさかり》講」は、安政3年（1856年）に結成されており、今日では愛知郡愛荘町蚊野を始め、犬上郡多賀町楢崎や甲良町正楽寺、東近江市祇園町や池之尻町など、湖東地域の二十数カ所の有志での編成にとどまっている。大峰山寺は、役小角（神変大菩薩）を伝承的な開祖とする修験道《しゅげんどう》の聖地中の聖地として信仰を集め、修験道の祖・役行者《えんのぎょうじゃ》が開山以来1300年もの歴史を持ち、奈良県吉野郡天川村、大峯山系（大峰山脈）の中ほどに位置する山上ケ岳（1719・2メートル）山頂に建つ。本堂は、我が国の高所最大の木造建築物で国の重要文化財になっている。

数名ずつがグループになって歩くので、前の人に必死でついて行き、後ろから追われるからまた必死で歩く、体力の限界を探りながら足を運ぶ。1人だったらすぐに弱音を吐き、弱い方の自分に妥協して、休憩の回数も自然と増え、時間もついついかかってしまう。

「修験」は、理屈や知識よりもまず実践だと言われている。その実践は言うまでもなく、話を聞いたり、本を読んだりして得た知識よりも、実際に額に汗して自分の足で歩き、自分と闘って経験したものである。その経験は頭で得た知識よりはるかに大きく、すばらしいものであり、無意識に身体に染み込む。この経験をすることで、他では決して味わうことのできないであろう、一種独特の達成感を体験することができる。筆者は、この大峯山山上参りを一年に一度、自身の身体（肉体）と精神力を試し鍛える絶好の機会と位置づけ、年中行事の一つに織り込んで参加することにしている。

大峯山は修行により徳を積み、世のため人のため、ひいては「天下泰平」「世界平和」を願うもので、一般的な観光登山とは根本的に違う。登山者は麓《ふもと》の天川村洞川から山上ヶ岳を目指す。登山口の大峯大橋（標高９００メートル）から、往路・3時間、復路・2時間30分が一応の目安とされている。また、大峰山、大台ケ原山一帯は、世界的に見ても有数の多雨地帯として知られている。従って、大峯山山上参りは、雨が降るのが当たり前と心得ていたが、15回目を数える2013年（平成25年・73歳）7月20日（土）は、特別の快晴に恵まれる。大峯大橋の先にある「女人結界門」から先は、女人禁制の習慣が今でも守られ、女性の入山は禁止されている。

2、西の覗きは仏の世界

高くそびえる岩場「鐘掛岩」（標高1620メートル）の前にはほぼ垂直の岩肌、鎖をつかんでよじ登るパートがある。鎖を頼りにする直登《じかのぼ》りにスリルを感じ、一気に行場の色合いが濃くなってくる。足の掛け方を間違えば登ることも降りることもできなくなる。昔、役行者は、このような厳しい岩場を飛ぶが如く、スイスイと駆け抜けたそうだ。15メートル高の岩場、鐘掛岩からは、柔らかに伸びる稜線が鮮やかに映えて、生駒金剛、吉野、奈良、台高山系などすばらしい眺望が開ける。これまでは、多少の傾斜はあっても普通の登山道であったが、この辺りから難易度が上がり行場の雰囲気が高まってくる。快晴に恵まれた今回は遠くに重なる山々まではっきり見渡すことができ、奈良盆地の街並みまでもが見てとれる。

急な斜面に掛けられた木製の橋状階段は、見上げると折り重なって長く続き、天にまでも伸びるかのようだ。息は弾み、流れる汗は止まらず、夏の太陽が容赦なく我々の体力を奪っていく。体力と気力を振り絞り、必死で足を交互に運び続け限界に挑むが、足を上げる力も次第に鈍くなり、小刻みに震える足は思わず悲鳴を上げ、小さな踊り場を見つけては少し脚を休ませるとともに、滝のように流れ落ちる汗を拭う。奥深い樹林の間をくぐり抜けてくる風はとても

大峯山に挑戦中（写真中央が筆者）

冷たくて心地良く、疲れた身体と心をひとときを癒してくれる。ぬかるみ状の所では、幅15センチくらいの角材を横に並べた特製の歩道が設けられている。その上を踏み外すまいと疲れた足を労わり、また、我が心にムチを当てながら歩く。

鬼の洗濯岩を少し斜めにしたような、急で長い岩場の斜面を歩く。鋭くとがった岩が、ゴム製の地下足袋《じかたび》底を突き破る勢いで刺激し、足裏には痛烈な痛みが走る。良き刺激をはるかに超えた痛みに、思わず「アイタタア！」と声を発してしまう。役行者が修行したと伝わる「お亀石」（標高1640メートル）を通り、くねくねと曲がった登り道、重なり合った板状の岩が露出したきつい岩場を抜けると、右手に視界が開けて、テレビニュースでもおなじみの有名な行場「西の覗《のぞ》き」（標高1650メートル）に出る。

設置してある太いロープを肩に掛けただけで、断崖絶壁から頭を下に、まさに突き落とされるような形で身体を逆さにつるされる。ロープの先と両足は「先達《せんだつ》」（修験者の先導となる熟練した山伏）さんが確保していてくれると思いながらも、崖下をのぞくと足が震える。自分の上半身は崖の下に乗り出し、先達さんが自分の身体を少し揺すりながら下へ、さらに我が身を下ろす修行は、さながら仏の世界を垣間見るもので、正直言って生きた心地がしない。

そんな状態で、「親孝行するかー」「嫁さん大事にするかー」「仕事しっかりするかー」などと言われても、「ハイ！　しますー」としか言いようがない。ロープの先と足は先達さんが確保していてくれると分かっていても、「落とさないでくれよー」と、心の中で神様、仏様に祈る。これが「死にに行く修行」とも言われる所以なのかと、終わってみると納得している自分がいた。「西の覗き」を過ぎると山頂はもうすぐだ。ついつい疲れを忘れ、気持ちが先走り、足取りも軽やかに石段を駆け上がる。

3、古い命を谷底に捨てる

山上の大峯山寺の裏手にそそり立つ断崖が第二の行場「裏の行場」だ。岩の裂け目（チムニー）に差し掛かり、身を小さくして通り抜ける、これも修行の道。崖に囲まれた僅かな隙間の道にも仏像が祀られている。古来、修験者が修行の折、お経を唱えながら通った道。

洞窟をくぐり、岩の裂け目を通り、蟻のトワタリから「平等岩廻り」、この付近で滑落すると100メートルは真っ逆さまに落ちることになる。1994年（平成6年・54歳）2回目参詣の際、この平等岩廻りの行を行う。大変な高所、天空に立つ岩の周りを回る。滑れば完全にアウトという死と背中合わせの行。岩に手を掛け、足を伸ばして、わずかな岩の掛かりに重心を移しながら身をはわせる。慎重の上にも慎重を期して足を運ぶ。手を置く岩の間からはたまたまではあろうが、ヘビが顔をのぞかせ恐怖心をさらにあおる。

眼下は谷底、決して下は見ない。いやとても見ることはできない。下に目をやると足が震える、とても武者震いとは言い難い状況に身を置いている。左右の足の掛け違い、手の持ち違いで行き詰まることもある。この行は古い命を谷底に捨ててしまい、改めて新しい命をいただくというものだ（現在、裏行場は危険なため禁止されている）。

宿坊が固まった一角を抜けて山門をくぐると、「大峯山寺」（標高1719・2メートル）の本堂（別名山上蔵王堂）が見えてくる。石段を見上げると、本堂の背景には青い空に真っ白い雲が浮かんで、険しい山の頂にある山寺らしい厳かな風情を漂わせる。本堂は厳しい山岳修行の中心らしく、簡素な中にも力強さがにじみ出ていて、そこに重みを感じる。

その本堂の前に立つと、肉体的な疲れがあることは否めないが、心はこの難行をくぐり抜け、成し遂げたという達成感で一杯だ。本堂は天平時代の創建から何度も焼失を繰り返し、現在のものは江戸時代に再建されたものと言われている。大峯山の山上で施行される大峯永代柴燈《えいたいさいとう》大護摩の許可書が、昭和９年８月18日付で我々の斧《まさかり》講究に付与されている。これは大変名誉なことで、現在も大峯の講仲間では羨望《せんぼう》の的になっている。

４、謡で新しい門出祝福

現役中はどうしても仕事が中心となり時間が取れず、長年、謡《うたい》の練習からは遠ざかっていた。しかし、２００９年（平成21年・69歳）、縁あって末娘が尾道に嫁ぐことになり、先方のお父さんが観世流の謡をやっておられることを知り、父親同士で相談して、若い二人の新しい門出を謡で祝福してやろうと意気投合し、その計画を実行することとなった。地域の役職も一通り終わって、時間的な余裕もできたことから、結婚式に向けて練習を重ねるうちに、師匠の勧めもあり、これを機会に再び謡を習うことにした。師匠の浦部好弘氏は、現在、重要無形文化財保持者として、また、謡曲、観世流準職分という地位におられ、関西を中心に幅広く活躍されている身。普段ならそう簡単にお目通りかなわぬ人になって、謡を習っている時はいくら同級生であっても、師匠とお弟子さんの師弟関係にあり、随分緊張するものだ。尾道のお父さんとも事前に打ち合わせをしておいて、初対面の夏の夜、夕食時にお酒をいただいたその勢いで夕闇迫る中、ベンチに腰掛けた二人は街灯の明かりを頼りに、時折船が行きかう尾道水道に向かって声高らかに練習を始めたところ、子どもたちに大笑いされるというエピソードが今も心に残っている。結婚式当日は、祝宴に先駆けて、両家の父親二人が正面に座り「高砂」を堂々と披露した。少し緊張しつつも初めてにしては息の方もぴったりで、上々の出来だ、と列席者から盛大な拍手を浴びる。身内のお世辞と感じつつも

浦部師匠とともに（左が浦部師匠、右が筆者）

とても嬉しく、大役を果たし終えたという感慨にふけっている自分がそこにいた。これで宴席を一気に盛り上げることができ、双方の親戚も和やかに打ち解け、計画は大成功を収めることとなった。同席していた孫たちは結婚式のその後も、筆者の顔を見ると今でもその時のことを思い出してか、結婚式でじいちゃんがやった「ウォーウォー……」といったしぐさをしておどけて見せる。孫たちにとっては、今までに聞いたことも見たこともない、不思議な文化を身近にいるじいちゃんがやった、という印象が心の奥に深く焼き付いたに違いない。

また、２０１１年（平成23年・71歳）４月、水口町立碧水ホールで開かれた「春の浦部好謡会」は、同じ門下生のひとりで、白寿を迎えられた小嶋小石さんのお祝いを兼ねて開かれ、筆者は羽衣のワキ（漁夫・白龍）を謡わせてもらう機会を得た。この時、白寿を迎えられた小嶋小石さんは、後列で他の先生方とともに背筋をまっすぐに伸ばして、腹の底から出る張りのある声で堂々と地謡を謡われ、ごく身近で「白寿パワー」の放射エネルギーを浴び、光栄なひと時を過ごすことができたことは、筆者にとっても大きな刺激となった。

「人生の大目標」に向かってひたすら精進し続ける筆者にとって、力強い味方をまたひとり得ることができ、「やってやれないことはない」と改めて意を強くする。以来、お腹の底から声を出す発声方法と、独特の節回しの魅力に取りつかれる。同時に、郷土に伝わる古き良き伝統文化を継承する一員として、微力ながらただひたむきに努力を重ねていきたいと、今日も練習に余念がない。

5、人生で一番嬉しい日

一方、現役引退後から始めているゴルフでは、2015年（平成27年・74歳）冬、サワディ会「避寒ゴルフ合宿」が、2月6日から13日の7泊8日の予定で計画され、筆者もこれに参加することになった。前半はバンコク中心に初日の7日・アユタヤーCC、9日・パインハースト、10日・ロイヤルレークサイド。後半はパッタヤーに移動して、11日・フェニックス ゴールド、最終日の12日・バンプラでプレーするという日程でもある。気温は28度から33度で、この時期としては珍しくそよ風が吹き、比較的過ごしやすい気象条件のもとで進められた。しかし、初日以来、グリーン周りの寄せがかみ合わないうえ、グリーンの傾斜が独特でパットが強すぎ、弱かったりと速さの感覚が読めないままいたずらに日が過ぎていくことに少し焦りすら感じていた。

従って、スコアの方も一向にまとまらず、４日目までを終え、ブービー賞を始め下位に低迷する状況にあった。周りのメンバーからも「元気がありませんね」と慰められる始末。前日来、頭の中では寄せのことパットのことなど、ああしようかこうもしようかと、そのしぐさを思い浮かべては、また、新たな手法を思い浮かべるといった調子で、イメージトレーニングに明け暮れていた。一方、今日もダメだろうかと思いながらも、心の奥底では「もうあとがない」という追い詰められた思いが少しずつ広がっていき、今日こそはなんとか結果を出さなければいけない、という強い気持ちが脳裏に渦巻く。そんな中での最終日、バンプラの朝を迎えた。天気は薄曇りで絶好のゴルフ日和《びより》。第２組のメンバーは、森田、森下、田邊各氏と筆者の４人で、気合いを入れての1番ホール、力みもあり、パー４のところを8つたたくも、ドライバーやセカンドショットが徐々に本来の調子を取り戻し、アウトではなんとか50を切ることができホッとした。前日までとは少し違う手応えを感じながらその後のインに臨む。

ホールインワン記念の写真（著者は写真中央）

そして、迎えた12番ホール。世界のショートホール１００選にも選ばれている名物ホールだ。前面グリーンまではほぼすべて池、そこには刺繍の絵でも広げたかのように、木々の緑が柔らかく波に漂う。左隅にはブーゲンビリアが色を添え、また、右後方の木陰では、ちょっと珍しい細い足に長い手を持った小さなお猿さんが数匹戯れている。水を打ったように静まり返った中、緊張の上にも緊張が走る。前方のグリーン上には、遠巻きに見守る第1組（山下、上池、札本、川添各氏）のメンバーとキャディーさんの姿が小さく映る。グリーンまでの距離表示・１５０ヤードより少し遠くに感じるも、信頼する愛用の７番ウッドに運を託し、ボールに集中してクラブを振り切る。打ったボールは、曇り空に高く舞い上がりポールの方向に消えるのを見送る。その瞬間、ワァー、ワァーという大きな歓声に交じって、「バンザーイ」「バンザーイ」の声が数回聞こえた。何が起こったのか？　よくわからないままではあったが少しの時が流れた。その時、キャディーのユンさん（No.18）が、つばの深い帽子の奥で目を輝かせながら、これ以上の笑顔はないという笑顔で、小躍りしながら「入った！」「入った！」と言いながら、ホールイン・ワンを達成したことを、身振り手振りを交えて説明してくれた。カートに乗り、静かに移動する道中でもまだまだ半信半疑。

12番ホール、グリーンの左手奥には白と赤紫のブーゲンビリアが高所から枝もたわわに花を付けての歓迎。1組のメンバー、そして、キャディーさんともども笑顔で暖かく出迎えてくれた。グリーンの中央部では、カップに入ったボールを自分の手で取るようにメンバーが待ち受け、カップの手前2メートルくらいの所にあるボール落下地点には、印のティが置かれ赤い花が添えられていた。川添氏が「ここにボールが落ちて、1回、2回とバウンドして勢いよくカップに吸い込まれた」と、その時の様子を詳しく説明してくれた。とりわけ、川添氏はボールが落ちた瞬間、入る予感がして、「これは入るぞ！」と思わず大きな声で叫んだと少し興奮しながら熱く語ってくれた。メンバーからは「おめでとう!」「おめでとう!」、そして、握手、握手で、幸運の喜びを共に分かち合い、晴れやかな気分のひと時を過ごす。キャディーのユンさんも喜びを隠しきれない様子で、笑顔を振りまきながら、心も軽やかに記念写真のシャッターを切ってくれた。

一生の内に一度あるかないかの奇跡と言っても過言でない「ホールイン・ワン」。これぞまさしく神や仏の加護ともいえる「不可思議力」だろう。まだまだ実感が湧かないままではあるが、メンバーとの会話や周囲の雰囲気などから、時間の経過とともに「ものすごいことをしたのだ」という感動が次第に現実味を帯び、心の中が熱くなってくるのを感じてきた。そして、少し浮いた気持ちになり、とても良い気分に浸る瞬間でもあった。「一生で一番嬉しい日」とは、このような時に使う言葉なのだろうと喜びをかみしめる。またこれは、10日早い神様からの予期しないお誕生日(満75歳)プレゼントとありがたく受け止めることとした。

6、ＮＨＫ『ハートネットＴＶ』に出演

ＮＨＫの『ハートネットＴＶ 公開すこやか長寿』にて高齢者の健康体操教室が、２０１２年（平成24年・72歳）４月15日（日）ハーティーセンター秦荘大ホールで開かれ、地元愛知川老人クラブ連合会の推薦を受けたＫさん、Ｈさんとともにその公開収録に出演する。テーマは「美しく歩こう」のもと、講師には渡會公治《わたらいこうじ》帝京平成大学教授（スポーツ医学専門）、ゲストにヨネスケさん（タレント）を迎えての中味の濃い内容だった。

渡會公治教授の指導要約を以下にまとめる。

これまでの長い生活習慣のツケで、膝や腰が痛み出し、次第に歩くのが苦痛になり、ついに寝たきりになってしまうというケースが多い。

◇ロコモ体操

ロコモティブ・シンドローム＝移動する運動器（骨、筋肉、関節、神経など）を正しく使って、無理のない範囲で運動して、ちょっと努力していくと美しく（正しく）歩くフォームが生まれる。すなわち、身体の構造に合った使い方で、つま先、膝、腰などをうまく使うと美しく歩くことができる。膝は曲げ伸ばしの役割（クッション）を持っている。股関節は動く役割をつかさどる。膝、腰、股関節をうまく使うと痛い人も痛みが軽減していく。

◇美しく立つ

片足立ち1分間続けることが大事、1日3回。ひとつの目安、60〜64歳・50秒、65〜69歳・40秒、70〜74歳・30秒。歩くことは、片足立ちを左右交互の足で繰り返す動作。お年寄りは、片足で立てなくなって次に歩けなくなる。従って、片足立ちが歩くことの基本となる。片足立ちでふらつく理由は、バランスと筋力不足からくるので、筋力トレーニングが必要となる。

◇スクワット

正しくないやり方で、スクワットをしていると腰や膝を痛めることがある。膝関節と足のつま先が同じ方向を向き、膝をつま先よりも前に出さずに膝の角度を最小90度にとどめ、股関節を曲げる正しいスクワットを覚えてほしい。１日に１回・５〜６回で10セット、「３食、寝る前、トイレの度」実施で生活習慣に取り込んで欲しい。

◇背骨ほぐし（ひじまる体操）

襟と肩の中間くらいに指先を置いて、そのままで肘の先で円を描く要領で背骨を大きく動かしながら、肩甲骨を動かすことも意識して、前回し後ろ回しにそれぞれ円を描く。バランスを取る時も、手ではなく、柔らかい背骨で取るようにしてほしい。背骨を柔らかくすることによってバランスが良くなる。背骨がほぐれてくると、肩こり、腰痛、首の痛みなどが軽減されやすい。

①左右交互に前回しのクロール、②左右交互に後ろ回しの背泳ぎ、③左右同時に前回しで脚も屈伸付きでのバタフライ、④左右同時に後ろ回しで足も屈伸付きでの平泳ぎ。個人メドレーの順にやっていくと、結構温かくなってくるし背骨がほぐれてくる。この辺りは

普段スイミングをやっている筆者にとっては理解しやすい内容になっているのですごく助かっている。柔らかい背骨を使って、スクワットをするとより効果が上がる。

◇レッグランジ（すいすい歩くためのトレーニング）

バーベルを持って一歩前に踏み込む時の要領、つま先と膝を同じ方向に向けて、足の真ん中に体重を掛けながら力強く踏み込む。年を取ると歩き方が年寄りっぽくなる傾向にある。それは歩幅が小さくなり、歩くスピードが鈍くなるからである。3回に1回、3歩目を意識して大股で歩く。

◇階段の昇り降り

（昇り）つま先と膝をまっすぐに並べて、同じ方向に向ける。階段の真ん中に足を置き、上に上にと上げていく。その時には「お尻」と「太ももの裏」で身体を上げていく意識をすると効果的である。（降り）膝の下に足が来るようにして、斜めの方向につま先を向けて降ろす（この時、膝がねじれると痛くなるので注意）。

片足で立ち、片足で支え、つま先から降りる。支えきれないと膝が痛くなるので、つま先立ちの訓練が必要となる。つま先立ちの訓練は、足の親指から小指までを揃え、その上に体重をしっかりと乗せていく。

◇コーナースクワット

部屋の四隅を利用して、お尻が壁すれすれ状態にして、かかとを上げてのスクワット、ゆっくりとお尻で降ろし、そして立つ、これを繰り返す。１日・５～６回。

◇ひじまる体操

背骨を動かして、足が出ていくようにして歩くとフォームがきれいになる。膝に負担がかからないように手入れをしていく。当たり前のことを少しだけ振り返って、美しく歩くように心掛けていくといいことが待っている。

7、「節電」を先取り

古希とは、数え年の70歳の称のこと。盛唐の詩人・杜甫《とほ》の詩中の句「人生七十、古来稀《まれ》なり」からきている。

話はちょっとずれるが、我々人類の先祖、ずっとずっと昔にさかのぼるとお猿さんにたどり着く。そのお猿さん、寒い吹雪の日などお互いが知恵を出し合い、寒さを少しでも和らげようと、身を寄せ合って一つの団子のようになる「猿団子」で、「暖」をとっている様子を何かで見かけた方も少なくないと思う。また、夏場の暑い日などは木陰で休む、川や池で水浴びをして「涼」を取るなど、自然界で知恵を出し、工夫しながら強くたくましく生きている。

夏のある日、山あいのホテルに泊まった時のこと、昼下がりであったと思うが、小さなプールで孫たちと一緒に遊んでいたところ、なんと森の中から突然現れたお猿さんたちがプールに入り、周囲の人間をものともせず、我が物顔で水浴びをし始めたではないか。筆者と孫は顔を見合わせ、その珍しい光景に息を潜め静かに見守ったことがある。

そのお猿さんに引き替え、人間である私たちは、暑い時も寒い時も「エアコン」という近代的な機器を使って、温度調整する中で快適な生活を送っている。この状態を見て、今から約70年前、子どもながらに終戦１９４５年（昭和20年）から戦後の生活を見てきた一人の人間としては、何だか「もったいない」と言おうか、ちょっと「気が引ける」ところがあり、できるだけ自然に近い状態の中で生活をしたい、という気持ちになるのも無理からぬところだ。逆に考えれば、快適に温度調整などをして、恵まれすぎた環境の中で生活を続けていれば、いつの日にか、自然に順応できる体力が弱体化して、今度は温度調整をした空間でしか生きられない、ひ弱な動物・人間になってしまうのではないかと危惧するひとりである。そうしたことから、筆者は、お猿さんの生き様を少し見習って、ちょっと変わっているかもしれないが、青木流の生活スタイルを編み出し、できるだけ自然に順応する形で生活する、凛《りん》とした生き方を心掛けている。

これは一例ではあるが、冬場でも長袖の下着やパッチ類は身に付けず、夏場と同じランニングシャツとパンツ一枚で過ごし、就寝時のコタツや電気毛布といったものも極力使用しないように努めている。また、居間においても、寒い日には石油ストーブで「暖」を取る程度にとどめている。夏場の暑い日には、「涼」を取るために扇風機を回し、一時的に暑さをしのぐといった調子で、身体のためにあまり良くないと言われるエアコンは使用しないように努めている。このようにできるだけ自然に逆らわず、逆に自然と少しでも共生する形で生活するように心掛けている。

そんな筆者とよく似た心掛けの先輩がいた。それは「恥ずかしながら帰って参りました」と言って、1972年（昭和47年）2月2日、グァム島から奇跡的に生還し、日本中に衝撃を与えた元兵士の横井庄一さんだ。横井さんの奥様によると、終戦後27年間、自給自足で密林を生き抜いた横井さんは、世俗にまみれぬ心と鋭い観察眼を持った人だったそうだ。横井さんは質素な暮らしの大切さを訴え、大量消費がはびこる祖国を憂え、「資源がないのに、これは空中楼閣だ」と叫び続けたという。横井さんの持論は「余分なものは食うな、着るな、使うな」。言葉通り、常に腹八分目を心掛け、冷暖房に頼らない生活を送り、気丈に生きた人であったが、82歳で逝去された。

一方、筆者は暇さえあれば動き回っているお猿さんを見習って、ウォーキングや水泳、そして、ゴルフ、卓球、さらにはボウリングと、やりたいことがあるなら「できない」と決めつけずにどんな自分も受け入れて、自由に積極的に、身体を動かすように努めている。同時に、時間を大切にするスケジュール管理を実践して、自らの健康管理に努めている。今思えば筆者の生活信条は、「節電」も先取りしており、筆者自身は、それを実践している優等生だと自負してもいいのではないかと思っている。

8、40年ぶりに「ボウリング」

友人からの勧めもあり、健康のためにと２０１４年（平成26年・74歳）３月、愛知川ボウル（通称・エチボウル）で開催されている「健康ボウリング」の第４期生「さくらクラブ」（40名）に参加することにした。ボウリングをするのは実に41年ぶりのこと。思い起こせば１９７３年（昭和48年）頃、ボウリングのブームは我が滋賀の地にも巻き起こり、それぞれの職場ではボウリング同好会が組織され出した。筆者の職場（当時町役場勤務）でも有志10名でチームをつくり、毎月数回定期的に大会を開いた。次第に熱が入り、マイ・ボール、マイ・シューズでのプレーをすることになり、その次はユニホームも揃いのものを作ろうということにまで発展していった。優勝者には小さなトロフィーを渡し、そこに名前を記して大いに興じたことを懐かしく思い出す。

１９７０年（昭和45年）前後には、須田開代子、中山律子に代表されるスター・プレイヤーの出現がきっかけとなって、ボウリング場が多く立ち並び大ブームが到来した。日本国内のボウリング場は１９７２年（昭和47年）時点で３６９７個所を数えた。しかし、ブームが過ぎると集客力も減衰して施設は激減していった。２０１６年（平成28年）時点で８２１個所にまで減っている。滋賀県内で9施設、生き残り組の中の一つに現在「健康ボウリング」を主催する地元・愛知川ボウルがある。

その手軽さゆえに、21世紀前期初頭現在も、体操と並んで国民に最も馴染みの深いスポーツの一つと言える。また、スポーツ競技と定義されているが、男女問わず手軽な集団レクリエーション、ゲームとしても浸透しており、あまり経験の無い人でも参加しやすい性質を持つと言える。健康のために、同じやるのであれば自分なりに目標を持ってプレーを楽しもうと考え、自己アベレージを1ゲーム１５０と定め、その目標に到達すべく試行錯誤をして楽しんでいる。野球の場合、バッターに対してバッテリーが直球でいくか、カーブで勝負するとか策を練るのと同じように、ボウリングの場合でもフックボール、それともストライクボールとその時々頭をひねって投げるのであるが、なかなか得点を上げることにはつながらないので、頭も使いながらのボウリングで、頭も身体も刺激的な時間を過ごせている。

最近、筆者の少ない経験からではあるが分かってきたことがある。ボウリングという競技のルールは「ストライク」の回数が多ければ多いほど高い点数になる。従って、ストライクの取り方を熟知することが最も重要な戦略となる。ストライクを取るには、闇雲に勢いよく強いボールを投げることではなく、狙った所に転がって行くスピンの利いたボールだ。つまり、スピードよりもコントロールが重要であるということが頭の中では分かってきた。しかし、理屈では分かっていても、いざ、現実となるとそれがなかなかうまくいかず、目標としている１５０に到達するのは月に数回しかなく、苦慮しながらのボウリングにも充実感を強く感じ、それも楽しみとなり現在も続いている。

第9章　好きなことに没頭

1、70歳からカラオケ入門

戦後間もない昭和24年、小学校4年生の時、音楽の授業で合唱があり、熱心な担任のK先生は、筆者たち児童一人ひとりの声を聴きに回り、音程がずれてしまう筆者には口を開けているだけで、声は出さなくてもよいと言われた。その時、子どもながらに大きなショックを受け、表現できない辛さを味わった。後日、他校で開催された合唱コンクール当日、筆者たち数人だけは学校に残ることを余儀なくされ、自習しながらとても寂しい思いをした。

その寂しい思いがきっかけとなって音楽が嫌いになったことは紛れもない事実だ。大人になってからも職場での歓送迎会等でカラオケでもあろうものなら、辛い思いをしながら苦痛の時を過ごしたことをお察しいただきたい。しかし、歌を歌えないまま人生を終えることも、これまた寂しい限りと一念発起して、70歳過ぎから歌を習い始める決意をした。

カラオケ教室入門に際しては、音楽そのものに自信を無くしていた筆者、「本当にやっていけるだろうか？」と何度も躊躇した。そこへ「音痴はいない、大丈夫！」と励ましの言葉で迎えてくれた津軽美人のN先生が、よちよち歩きの子どもの手を引くように優しく親切、丁寧に指導してくださった。また仲間の皆さんも温かく励まし応援してくれたお陰で今日を迎えることができた。その練習の成果を『NHKのど自慢』に出場して、天国の先生に音程のずれていない「私の歌声」を届け聞いてもらおうと新しい夢を描き奮起した。曲は、今日、日本人が忘れかけている「人として行うべき道」・義理、「情けをかける」・恩、日本人の心を大切にして「世の中は持ちつ持たれつ、生かされ生きる」、人の道を多くの人に改めて広く伝えたいとの熱い思いから北島三郎の『人道』を選んだ。

２０２２年4月3日、近隣、東近江市で開催の『NHKのど自慢』、2回目の応募でなんと予選会出場のチャンスが偶然にも訪れ、3月24日、予選会（１８０組）の案内、出番92番『人道』が届いた。本当に、本当に、本当か？　驚きを隠しきれない。嬉しいと喜ぶとともに、果たして本番でうまく歌えるだろうかと不安の方が先に頭をよぎる。早速N先生にこの喜びを伝え、4月2日（土）の予選会までのスケジュールを相談し、週に3回練習することを決める。大幅な修正は到底無理と判断し、軽微で修正可能な部分修正とステージに立つ時の心構えなどを基本にすることを依頼し、それを実行に移すことにした。以来、今度はステージに立つ時の不安の方が頭から離れない。朝の洗面後、ユーチューブで北島三郎の『人道』を4、5回聞き、曲のポイントを会得し、歌唱のテクニックなどをつかむ。ストレッチの後、仏壇に向かって注意点など踏まえて歌ってみる。しかし、自分の思い描いているようにはなかなか歌えない。また、朝のウォーキング時、人影がないことを確認して六地蔵さんの前でも歌って聞いてもらう。

豊満神社本殿参拝時、神さまにも歌って聞いてもらう。優しく語りかけるように歌うところ、少し早めにテンポよく歌うところ、声を勢いよく張り上げるところなど注意しながら歌うが、ついつい自己流に流れてしまう。今度こそは注意してと思って歌っても、なかなか修正することは容易ではない。そんな日が何日も続く。深夜にも歌詞を忘れたらどうしようかと心配になる。最初の出だしはどうだったかと口ずさんでみる。なんとか歌詞は連なって出てきた。しかし、また心配になり最初から歌ってみる。そんなことを数回繰り返していると、頭が冴えてなかなか眠れない。早く寝ないといけないと思いつつもまた口ずさんでしまう。

2、天国の先生「私の歌声」聞いて

ついに予選会当日、4月2日（土）91番～120番の受付は午後1時35分集合で、簡単な説明があり、午後2時15分から始まる。待っている間も不安と張りつめた気持ちは高まるばかりだ。周囲を見渡すとプロレスの格好をした3人組、女子コーラスグループの4人組、和服に身を包む老紳士など顔ぶれは多彩だ。2022年春のセンバツで準優勝を果した近江高校野球部のユニホーム姿の人もいる。第4グループ91～120番の30人が会場ホールに案内され、筆者は92番で2番目に歌う。バンドの生演奏バックに歌唱するのも、大きなステージでマイクを持つのも初めての体験。でもウクライナカラー青の上着、胸には黄色のハンカチをのぞかせる。そして、「ウクライナがんばろう！」と書いた同国旗を片手にステージ中央に立ち、胸を張って92番『人道』を告げる。

当初は優しく語りかけるように、声を張り上げて強めに歌うなど思い描いていたが、演奏が始まると、最初の出だしをうかがうのに全神経を注ぐ。緊張そのもので他は何も分からないまま、「ポン」でなんとか歌い始めた。あとは野となれ山となれの心境で、歌詞が次から次へと出てきてくれたことは幸いだった。伴奏を聴きながら夢中で半分過ぎくらいまでは歌っただろうか。「持ちつ持たれつ、生かされ生きる」のところで女性アナウンサーの「ありがとうございました」が流れ、夢にまで見た『ＮＨＫのど自慢』、人生で最初の挑戦が終わった。

自分ではなんとか歌詞を間違いなく歌えたので70点くらいはあげられるかなと自己満足気味で、ロビーにて歌唱している自身の映像を視聴、スマホで何枚か撮影する。この歌声は果たして天国の小学校時担任のK先生の耳に届いているだろうかと思うとなんだか少し楽しい気分になった。

審査結果は、当日の午後5時30分~6時、4月3日（日）に本選出場者のみに電話連絡が来る。必ずこの間は電話に出られるように、スマホを近くに置いてその時を待つ。待つ間もひょっとしたら高齢者特別枠で入るかも知れない、しかし、全体のレベルが高いからダメだろうとの思いが相互に交錯し、30分という時間はとても長く感じた。待てど暮らせど電話が鳴ることはなかった。やっぱり駄目だったのか。１８０組のうち18組が本選出場だからこれも致し方ないか、世間はそう甘くないよね。また、機会があれば挑戦しよう。……でも、でも、考え方によっては、７００余と多くの応募の中から１８０組の中に入り、予選会に出場できただけでも幸運だったよね。これまでの人生で経験したことがないことを経験させてもらった、と自分に語りかけ自分を褒めて慰めるのであった。

3、「老い」を楽しく生きよう

２０１９年の日本人の平均寿命は女性が87・45歳、男性が81・41歳となり、ともに過去最高を更新したことが２０２０年7月31日、厚生労働省が発表した簡易生命表で分かった。前年に比べ、女性は０・13歳、男性は０・16歳延び、いずれも8年連続のプラスとなった。女性は5年連続で世界2位、男性は3年連続で3位だった。平均寿命は、今後死亡状況が変化しないと仮定し、その年に生まれた0歳児が平均で何歳まで生きられるかを予測した数値。厚労省は平均寿命が延びた背景について、「健康意識の高まりや医療技術の進歩が

である。今後も穏やかに延びていくのではないか」としている。主な国・地域の平均寿命は、女性の1位が香港（88・13歳）で、3位はスペイン（86・22歳）。男性も1位は香港（82・34歳）、2位はスイス（81・7歳）だった。

80歳にもなれば、みんな「老い」に直面することになる。しかし、一方で寿命だけは延びていく。これは私たちの人生設計を大きく変えることになるかも分からない。これまでの常識からすれば、せいぜい10年ほどだった「老い」の期間が、今後は20〜30年に延長する人生が標準になってくるからだ。今後は伸長した「老い」の期間をどう生きるかが重要な課題になってくる。そして、その延長した「老い」の在り方を大きく左右するのが、人生終盤の活動期でもある70代ということになる。また、年を取ることは老いることではなく、進化し続けている証拠なのだと思えば、人生そのものが楽しく感じられるものだ。

一気に衰えるか？ 若さを維持しながら徐々に老いるか？ その分岐点は70代にある！70代が老化の分かれ道。人生100年時代、カギとなるのは「70代の10年間」。長寿化によって70代は「最後の活動期」となった。この時期に努力することで、要介護となる時期を遅らせ、若々しさを持続することができる。しかし、健康寿命は、平均寿命の伸びに追いついていない。70代をうまく乗り越えないと、長生きはできたとしても、よぼよぼとした期間の長い晩年となってしまうのではないだろうか？

健康寿命を延ばすためには、「老い」を遠ざける肉を食べる習慣、社会とのかかわりを深め続ける、運動習慣を継続実施する、などの「老いを遅らせる70代の生活」が最も重要になってくる。また、70代の生活が、その後の80代、90代の生活に大きく影響し、輝かしい１００歳への道を築くとも考えられる。ここで「70代の生活」の在り方を想像してみたい。時代は常に動いている。以前はこうだったから、５年前はこうだったから、現在もそうだということはもう考えない方がいい。今こそ発想や意識を大転換することが重要だ。常に身体を動かしているあのお猿さんを見習って、身体を常に「動かす」工夫をし、「考える」を生活の中に取り入れて頭を使う。そして、「独り」を生きる精神を養い、それらを日々実行に移して、「老い」と共存する。「老い」をより楽しむ生活のプログラムを各自が編み出していかなければ、せっかくの長寿が心から喜べないだろう。そして、何と言っても社会から取り残されていくのがとても寂しい。

いつまで車の運転を続けられるか？　自分自身や家族の免許証の更新や返納は、超高齢化社会で多くの人が頭を悩ませる課題となっている。筆者は、家族に「行きたい時に行きたい場所へ送ってもらうのは無理」だと分かっている。併せて送迎してもらうのは「迷惑をかける」という気持ちに繋がる。そうした中で、「自動車の運転は最大の脳トレ！」と言われて久しい。自動車運転免許があれば80歳の壁を超えられる。スイミングスクールや写真教室は八日市（15キロメートル）、カラオケや会計士事務所は彦根（25キロメートル）、瞑想は近江八幡（18キロメートル）、ゴルフは日野（25キロメートル）と、毎日のように自らが車を運転して出かけることが生きがいの一つになっている。滋賀県の湖東地方では、移動手段としての自動車は、まさに日常無くてはならない自分の足になっている。

仮に、運転免許証を返納したとすると、これまで自由に動いていた行動範囲は激減し、現在のような日常の生活はもう営めなくなり、寂しく落ち込んでしまうのは目に見えている。だから、年を取っても、できる範囲内での自動車の運転は、もう少しの間続けていきたいと願っているひとりだ。それには、それぞれが、身の丈に合ったマイルールを定めて、年相応の安全運転を心がけるしか他に道はないと思っている。そこで、次のような青木流の『三方よし運転』ルールを頭に描き、実行に移していこうと密かに考えている。

◇安全運転寿命を延ばす高齢ドライバーの『三方よし運転』

一、体調よし！　体調がすぐれない時は、運転を控える。

二、状況よし！　天候の悪い日や、夜間・通勤通学時間帯の運転は控える。
三、行先よし！　運転する場所は近距離にして、長距離の運転は控える。

『三方よし運転』は、高齢ドライバー自身が運転環境や技能に応じて、自らの意思で運転方法を制限することで、交通事故を未然に防止する取り組みである。

４、快いお通じが幸せ呼ぶ

朝５時、目を覚まし一日のスケジュールを確認し、布団の上で５分程度の猫体操。その後、起床し洗面時コップ一杯の冷水を飲み干す。次に「青木宏樹の経文」を唱える。経文は医学博士・農学博士の佐藤富雄著『頭が冴え、疲れない体になる「この習慣」を続けなさい』を参考に２０１８年（平成30年・78歳）９月、作成した。

・「いい言葉」しか言わない→若くなる「口ぐせ」
①元気人間のお手本になる
②100歳で100メートル泳ぐ（日本新記録樹立）
③人に喜ばれることをする
④日本を元気にする
⑤人生これから
⑥100歳現役
⑦心身ともに快調
⑧ますます人生充実
⑨「良く眠れた。すごくいい予感がする」「うまくいく」夢や希望につながる言葉を言っていると、本当に気分が良くなり、一日のリズムがよくなります。
・それがきっかけになって、脳はどんどん夢を描き始めます。
・明るい言葉を繰り返し言っていると、新しい意識が生まれ、まるで別人かと思うほど性格も変わっていきます。
・何でも「可能にできる」と思っている人が、それを実現できるのです。

・人生70歳からが黄金期。未来はますます拓けていく！
・自分に対しても、人に対しても「悪いこと」を決して言わないことです。「いいこと」だけ言いましょう。
・たくさん言うほど脳にいい言葉が刷り込まれ、身体にもよい反応が表れます。
・「若くてきれいですね」「いつもステキ」と褒めると、自分自身がステキに若返っていきます。誰かをたくさん褒めれば、あなたの顔も輝いてきます。
・「私の身体は、いたって健康！　どこも悪くないんです」で、寿命が延びるのです。
・「今健康で、体調は絶好調」老化は言葉から始まります。若さも言葉から始まります。
・今、動くことが、未来のあなたを救うのです。
・興味ある世界に触れることは、友人という宝を連れてきてくれることもあるのです。
・あなたは誰が見ても「明るくて元気で若々しい人」という印象になっていくでしょう。
・恋をすると、人は年齢にかかわらず輝きを増します。恋愛中は脳の中に快ホルモンが満タンにあふれている状態ですから、生物的に見ても魅力度が増すのは当然なのです。
・「もう年だから」と言わず、死ぬまで恋する気持ちを持ち続けましょう。
・銀行の預貯金と同じように、健康も、いい習慣をコツコツ続けることで増えていき、やがて大きな財産になります。

神様、仏様にお水をお供えして感謝の手を合わす。そして、自分の身体にも昨日はありがとう、今日もよろしくと約20分間の心と身体のお目覚めストレッチ体操に移る。

「幸せを得たから感謝するのではなく、感謝するから幸せになるのです」（安養寺掲示板より）。

主食、ご飯は7分づきの米と麦半々、北海道産の小豆少々、ニンニク2片、オリーブオイル大サジ2杯を混ぜて炊いたものを用意。主菜には肉、魚、海藻類、納豆を始め、野菜1日350グラムを目標に積極的に取り入れ、小松菜やほうれん草は少量でも食卓に欠かさないよう配慮する。朝食を済ませたあと（車にガソリンを入れないと走らないと同じ）、約2キロ先にある豊満神社参拝に出かける。61歳の時から日課として始めた朝のウォーキング。背筋を伸ばして前を向いて大股で歩く、前を向いて歩くと前向きな日々を送ることができる。

太陽に当たらないと脳内物質「セロトニン」の分泌が滞って不眠がちになり、血圧が上がりやすくなる。夏の暑い日はランニングシャツ一枚に麦わら帽子、雨や雪の日は雨合羽に長靴の出で立ちで歩く、旅行など外出で不在にする年間15日ぐらいは別にして、あとの350日は欠かさずこの行事を続けて2021年（81歳）で20年目を迎える。途中ご先祖様へ感謝の墓参をして帰途に就く。シャワーを浴びて汗を流し、さっぱりした気分でバナナ2分の1本と牛乳コップ1杯をゆっくりいただく。

気持ちいいお昼寝……昼食後は一番の楽しみのお昼寝をする。目覚めはスッキリでやる気が湧く。ここでもバナナ2分の1本とヨーグルトをいただく。週1回のカラオケ、ボウリング、卓球、週2回の水泳、月2回のゴルフ以外の昼間、空き時間の多くは写真撮影を始め、読書を1回4～5ページ分、使用済カレンダーを適当な大きさに切って裏面に転記、次はそれをパソコンに入力する作業に割く「脳トレ」、と考え日々繰り返し続ける。

2021年（令和3年）9月23日、公益社団法人 日本ボウリング場協会会長より、令和3年度全国長寿ボウラー番付（80歳以上3593名）男性編「前頭」として認定を受け大きな番付表を受領。ちなみに当日、愛知川ボウル「さくらクラブ」例会の成績3ゲームのアベレージは159。

夕方の6時からは、夕焼けを楽しみながら豊満神社参拝ウォーク、朝4キロ（約5000歩）夕4キロで、1日8キロ、約1万歩達成。ちょっとお疲れモードだが、今日一日の反省と明日の予定を頭に描きながらとても充実した時間を過ごす。帰宅して湯船にゆっくりと浸かり「ご苦労様でした」と身体を労わる。その時、腹の辺りを上から右掌で少し抑え気味で、のの字の形で10回程度大きくゆっくり回しマッサージする。

夕食時には大好きなお酒、量的には日本酒に換算して1合5勺程度いただく。日本酒、焼酎、ビールを近くに用意して、その日、その日、好みのものを選んで飲み、一日の労を労う。この後就寝、熟睡タイムに入る。この一連のスケジュールをこなしていると、効果は如実に表れ、翌朝便意を催し快いお通じがある。そして、さあ今日も一日頑張ろうという幸せな気分が訪れる。長年試行錯誤の中やってきたが、現在のシステムは抜群に良好と自負している。

5、80歳記念　写真展開催

存続の危機に立つブラジル人学校「サンタナ学園」（愛荘町長野）の現状を広く知って

中田ケンコ校長に写真額を贈る筆者（写真展会場にて）

もらうと同時に、支援の輪をさらに広げたいとの熱い思いで、80歳を記念して、２０２０年（令和2年）11月1日～30日までの間、近江鉄道愛知川駅ギャラリーで「サンタナ学園支援写真展」（県写真展・市美術展等の受賞作16点）を開催した。

２００８年のリーマンショック以来、「愛荘サンタ」として、関係者とともに毎年学園の子どもたちを招いてクリスマス会を開くなど、ささやかながら同学園やその子どもたちを励まし支援を続けている。今回も、会場内に「サンタナ学園支援募金箱」を設置して募金活動を併せて行った。皆様の温かいご支援とご協力のお陰で、これまでの期間中来場者記録３００人を大幅に上回る６００人もの方に来場してもらった。また、併せて行った「サンタナ学園支援募金」は、多くの皆様のご協力に預かり、総額55万円を11月30日、サンタナ学園・中田ケンコ校長に贈ることができ心より喜んでいる。改めて皆様の温かいお気持ちに接することができ感激でいっぱいだ。今、振り返ってみる時、美的センスや芸術的感覚といったものの基礎ともいえる部分が培われたのは、やはり昭和31年～33年、伝統ある愛知高校美術部（指導 故・後藤直正先生）時代、先生の指導と併せて良き先輩諸氏のアドバイスを受ける中、構築されたものではなかったかと当時を懐かしく思い出している。

6、自分のことは自分でする

20～30年前は正解だったやり方が、今ではもう古くなってきていると考えた方がいい。老後はたとえ同居であっても、食事の用意をする、季節に合った衣服を着るなど、「自分のことは自分でする」という考え方のもと、一人暮らしをしているかのように暮らしていると、満足度が高くなる。これからの老後戦略は自らの「ひとりを鍛える」という考え方が主流になると思った方が賢明だ。

　筆者は「自立」を楽しみながら生活できる後期高齢者でありたいと願っている。そこでお願いだが、家族を始め周囲の人たちも、高齢者も「自分のことは自分でする」という考えから、高齢者を敬う気持ちや精神は持ちながらも、過度な敬愛はちょっと横に置いて、少し距離を置いて、遠巻きで高齢者の「自活」をそっと見守る姿勢を保ってほしいと、密かに思う者のひとりだ。なぜならば、本人は自活能力を十分持っているにもかかわらず、周囲があまりにも大事に構いすぎるがゆえに、本人が持っている自活能力を発揮できないまま、支援が行き過ぎて、次第にその能力が衰退する方向へ辿っていくからだ。

　生活の中からにじみ出る自分らしい人生の目標をしっかり持つ。「これは、こうすべき」という凝り固まった概念はない。１年後、５年後、10年後、自分はどうありたいかという大きな目標を掲げ、その下に大目標を実現させるためのいくつかの中小の補助的な目標も定める。特に、数値目標を具体的に定めると面白い。するとそれに向かって目標達成のための行動を起こすことができる。ちょっと大げさに言うと、「俺も１００歳まで生きてやるぞ！」という気概を持って生活するということである。するとそこにいろいろな人生絵模様が描かれて、健康で毎日を楽しく生活する後期高齢者像が実現し、そこからまた新たな道が開けてくるからだ。

筆者の場合、規則正しい1週間のスケジュールを確定したうえで、朝の洗面時に指先で歯茎のマッサージを1分間実施。毎朝、心と身体の目覚めストレッチ20分。1日1万歩は歩く。ボウリング1回3ゲームの平均150点をキープ。1回のスイミングスクールで1500メートル泳ぐ。1年に写真展で3点以上の入賞を目指す。……というように目標を数値で設定し、その記録をマメに取っている。これらは全て少し背伸びすれば可能な目標であることから、達成できなかった時は悔しく、一層努力しようと自分を励ます。また、達成できた時はやっぱり人並みに嬉しいし、喜びようが違ってくる。来る日も来る日も、目標値を達成できたのかどうかのゲームを楽しむように、ドキドキ感、ワクワク感が常についてて回り、毎日メリハリのある生活が送れ、楽しみが倍増する。そんな中に「健康寿命」を延ばすための要因が垣間見える。

内閣府の令和2年度高齢社会白書（2016年時点データ）によると、平均寿命と健康寿命の差が、全国平均、男性で約8年、女性では約12年あると報じられている。ちなみに、平均寿命は、寝たきりや認知症など介護が必要な期間も含めての期間。また、健康寿命は、日常生活に支障なく自分で自由に健康的に過ごせる期間。

「病院は嫌だ」「注射は嫌だ」との思いは強く、同じ人生であるならば、日々目標を持って、「健康で楽しい高齢生活」を送りたいものだ。そこに健康寿命を延ばすカギがあると筆者は確信する。

7、「健康寿命」延ばしたい

筆者が健康寿命を延ばすためにしていることは、『私は「私以外全て師である《宮本武蔵を書いた吉川英治の言葉》」という信条の信奉者である』というのが基本。愛荘町健康推進員及び愛荘町認知症キャラバン・メイトの代表という立場でもあることから、平均寿命と健康寿命との差、すなわち、介護や医療のお世話になる辛い期間が、全国平均で男性8年、女性12年（滋賀県・男性10年、女性14年）あるものを、健康寿命を延ばして、この期間を1年でも2年でも短くしたいという強い願望を抱くようになった。またそこには、年々増加の一途をたどる介護や医療費の削減にも貢献したいという強い思いが後押ししたことは紛れもない事実だ。そのためには、「何をどうすればいいのか？」と自らに問い続けた。

人生の2周目にあたる60歳を過ぎた頃から、「健康」をキーワードにして、絶えず動く、活動することを生活の中に取り入れ、社会参加も怠らずに高齢者の生活を「生きがい」を持って、より楽しいものにして、充実した生活を送ることを念頭に置いて生活を組み立てようと考えた。中でも、1日、1週間、1か月のスケジュール管理は、企業で培った経験を存分に活かし、万全を期しており、自分でもよくやっていると思うほどだ。

筆者が思い立ったことは、残された人生の全て、自らの生活習慣そのものを実験台にしてみよう。そして、その内容や手法、経過を記録に留め、人生の卒業論文として一冊の本にまとめ、高齢者の一つの生活モデルを構築する。これを我が人生の果たすべき役割、『生きがい』にすることを決意した。本格的に実行に移し出したのは、現役を卒業して、その後、地元の自治会長を始め、種々の役職を無事に終えた60代半ば頃からだった。自分的には現役を終え、地域の役職も無事に終えた。これからは、本当に自分のやりたいことが自由にできる。これからは自分の人生を楽しもうとばかりに、これまでやりたくてもいろいろ制約があり、できなかったことを次々とやり始めた。

最初は、第一現役を卒業した翌年の61歳、彦根市のN社に勤務しながら、夜間に通い始めた週1回の水泳教室。水泳は全身運動になり、身も心も軽やかにしてくれる。練習中は少し辛いと感じることもあるが、終了後シャワーを浴びて外に出た時のあの爽やかな気分は、他にたとえようがないものでやっていて良かったと思う瞬間でもある。高校3年生の時、滋賀県下唯一の屋外50メートルプールが学校には設置されていたので、4泳法をそれぞれ50メートル計200メートル継続して泳いで当時2級の資格をもらったという実績がある。しかし、以来泳ぐ機会はほとんどと言ってよいほどなかったので、61歳、最初の教室で25メートル泳に臨んだ時、軽く泳げると高を括っていたがとんでもない、溺れはしなかったもののフーフー言いながらなんとか泳ぎ着いたというのが実態だった。やはり常に泳いで心臓や肺の機能を高め、筋力、体力を鍛えておかなければいけないと痛感した次第だった。

数年後からは、より早く泳ぐためにはやはり体力を鍛える。特にキック力を強くする必要があると考え、足腰を鍛えようと彦根市内の卓球教室にも通い始めた。幸いにも松下電工卓球部全盛期の選手の一人でH先生の指導を受ける幸運に恵まれた。同時に、仲間の指

卓球部の閉館記念（2021年12月17日）

導、助言にも助けられて技術力も日増しに向上、おまけに動体視力も養なえ楽しい時間を過ごした。1回1時間30分の練習だが、身体を瞬時に細かく動かす関係からとても疲れ、夏場だと汗びっしょり。でも、終了後、何かをやり遂げたという満足感に浸ることができとても幸せを感じていた。しかし、2020年〜2021年、新型コロナウイルス感染の影響で、特に2021年9月11日、新型コロナウイルスの緊急事態宣言が滋賀県内でも9月末まで延長されたことを受け、講座の休講等がたたり受講者の足が遠のく。そして、長年親しまれてきたフィットウィル彦根の経営を圧迫、2021年12月24日をもって完全閉館を余儀なくされる。

8、「健康寿命」延ばす手立て模索

高齢化が進む中、健康管理面に力を注ぎ、健康寿命を伸ばすための手立てや策を模索し、自らも学ぶ機会があればと考えていた。２００９年（平成21年）、69歳、地域の役職も一段落したことから、地域貢献にもつながると考え、これまで女性の城とされていた町健康推進員に一定の講習を受け友人と２人で男性として初めて名を連ねる。２０１９年（令和元年）、愛荘町健康推進員協議会運動部会長を務めたその年、偶然にも、健康寿命を伸ばすためには、身体の機能を維持・向上させることが大切。「いつまでも10分以上歩ける能力を維持する」や「運動することの効果や気持ち良さを実感する」ことをテーマに掲げて、愛荘町と聖泉大学（彦根市）が協力して愛荘町のオリジナル「びんてまり体操」の企画から制作実施作業まで参画、貴重な体験を積むことになった。

びんてまり体操

住民の健康づくりや介護予防を目的に自治体などがつくるご当地体操が、全国各地で続々と生まれている。愛荘町でも、地元の伝統工芸品・びん細工てまりにちなんだ「びんてまり体操」を完成させた。高齢者を中心に地域住民への普及に力を入れ、健康づくりに加え、体操教室などを通じて住民同士の交流が増える効果も期待する。愛荘町が協定を結んでいた聖泉大学の看護学部と人間学部の教員らが体操を監修。両手で頭の上に円を作る「びんてまりポーズ」、すりこ木を回すような「長芋すりおろし運動」、両手を前に押し出す「近江上布はたおり運動」など、町の特産品を名付けたポーズも取り入れた。

「びんてまり体操」は、3つの構成で成り立つ。①日常生活で無理なくできる！　ストレッチング（準備運動8分）②足腰を丈夫にする！　筋力エクササイズ（主運動1　12分）③楽しくできる！　リズム運動（主運動2

５分）計25分。町は体操を紹介するＤＶＤも制作。健康推進員の男性３人組も体操を紹介するＤＶＤの録画撮りには、モデルとして少し緊張した面持ちで登場している（写真・筆者中央）。ボランティアの健康推進員協議会員は介護予防教室や町の催し会場などで体操を披露し、住民への周知に協力する。町健康推進課の担当者は「高齢化社会の中で、体操が皆さんの健康寿命を延ばす一助になれば」と語り、また「体操がきっかけに町の特産品であるびんてまりや近江上布、長芋などを再認識する場になり、住民の交流も生まれれば嬉しい」と力を込める。

9、「マイブーム」は写真撮影

みうらじゅんさんが考えた造語に「マイブーム」がある。世の中にブームは確かにあるけれど、自分の中にもブームがあってもいいはずと考えたようだ。これにより世の中になかった概念を作り上げ、日本人の多くが自分の中のブームは何かを意識するようになった。

そこで筆者の「マイブーム」を紹介しよう。趣味として現在はまっているのは、2020年人生で初めて開催した80歳記念写真展で好評を得た写真だ。写真は、例えば、撮影する時、比較的チャンスに恵まれやすいのは、日の出前の朝焼けや日の入り前後の夕焼け時とよく言われている。

そこで、テーマをあらかじめ決めておいて、朝5時頃空を見て、行けるぞと予想すると何の抵抗もなく、準備をしてすぐに行動に移し現場に飛んで行く。しかし、自然相手であることから、10回足を運んでも1回もチャンスに恵まれない時だって日常茶飯事だ。それにもめげず、変化する時代の判断力を養いながら、人にない自分独自の作品を作るために、奇跡を信じて足しげく通い続ける。すると時折だが神様がご褒美をくださる。また、それがたまらなく嬉しくて、いつも「もしかしたら」「ひょっとしたら」と、胸をときめかせながら現場に駆け付ける。「夢中になることがある」ということはとても幸せで、素晴らしいことと喜んでいる。すなわち、写真が今日では生きる原動力になっていると言っても過言でない。これが筆者の「生きがい」である。……こんな生活が最近続いている。

そういえば過去にこんなことがあった。姉の家の法事に招かれて午前11時には出かけようと思い、服やお供え物を整え準備した。しかし、それまでには少し時間があったので、制作中の油絵が気になりカンバスに向かい絵筆を走らせた。ついつい時間の経つのも忘れ没頭していったのだろう。予定の時間が過ぎても顔を見せないものだから、どうしたのかと電話が入る。慌ててお寺に向かったという失敗があった。これが夢中になるということだろうと、今になって振り返る。

また、こうした習慣の中にワクワク、ドキドキが生まれてくる。人間にはこのワクワク、ドキドキがとても大切だということを81歳になった今も改めて思う。日々のこうした習慣は生活の中に溶け込んで、良き刺激となり、生きている喜びを筆者一人が独占しているようにも思っている。最近特に、自然とやる気が湧き、すぐに行動に移すことができるのが不思議に思えるほどだ。筆者は、実際に動き、自分が納得したことをやっている。大好きでドハマりした趣味を「沼」と呼ぶ。Ｅテレには『沼にハマってきいてみた』という番組があるくらいだ。「マイブーム」や「沼」を持つということ自体、心と頭が柔らかい証拠だと思っている。固いと何かに興味を持つことも難しいし、まして一定期間続けることも困難だ。

第10章　努力の先にご褒美

1、整体で筋肉や骨を整える

明治42年生まれの母は、農家に生まれ、農家に育ち、農家に嫁ぎ、一生を農業とともに歩んできた。当時の農業と言えば、そのほとんどを人力に頼るしかなく、鋤を使っての田掘り、鍬を使ってのかじりやならし、また、「はいつくばって」の田植えや田の草取り、そして稲刈りと、不自然とも思える姿勢を長時間にわたり継続維持しながらの過酷な作業の連続であった。身体を労わる暇も惜しんで、農作業に専念せざるを得ない毎日が続き、年老いて気がつけば、そのしわ寄せが身体のあちこちに現れ、「腰が痛い」「膝が痛い」と訴えるようになり、病院への通院が始まった。

挙句の果てに母は、股関節の手術を余儀なくされ、その手術後も辛い日々を過ごす姿を目の当たりにして、身体のケアがとても大切なことだと痛感した。と同時に筆者は「母の二の舞を踏んではならない」と、身体の定期的なチェックと歪みを整えることの必要性を肝に銘じていた。少し視野を広げてみると、プロ、アマを問わずスポーツ選手には、必ずと言っていいほど専属のトレーナーが付いていて、そのトレーナーが選手の身体のケアに当たっている。これは選手が常に最高のパフォーマンスを発揮するために行っていることに他ならないが、我々一般人も日頃から自分自身の身体と向き合って、「できる限りベストな状態で日常生活を笑顔で送りたい」という思いが日に日に強くなっていくことを感じるようになった。

そこで筆者も61歳から毎日8000歩から1万歩歩いて、毎週、カラオケ、水泳、ボウリング、卓球、ゴルフ（月2回）と日程をこなし、現在、81歳の割には身体をよく動かしている方だと自負している。しかし、卓球、ゴルフでは足を踏ん張る、水泳はクロールで右側ばかりで呼吸する、卓球、ボウリングでは右腕中心・左脚（左股関節）重心の動作など、身体の一部に負荷がかかりすぎて、その結果身体全体がねじれる、歪むという現象が現れてくるのではないかと考えた。そして、これを長年放置しておくと、肩や腰、膝や股関節等に痛みが生じ、母と同じように、将来取り返しのつかない事態を招きかねないのではないか、つまり我々一般人も、身体のケアを怠ってはならないことに確信を持つようになっていた。

十数年前、知人の紹介でご縁をいただいたK整体師に相談、以来、2週間に1回、約1時間、骨盤や背骨の歪みをチェック、何処に問題があるのかを見極めてもらい、筋肉や骨を整え、本来の正しいバランスに近づける施術を受けている。

長年、施術中、K氏との会話の中で得た教訓がある。

・普段の身体の使い方や姿勢の悪さの積み重ねで、気づかないうちに身体のバランスが崩れてきている。自分でも意識して施術の効果を高めるためにセルフケアを怠らないことが肝要である。

・身体が歪むと負担を受ける部分の筋肉が凝り固まり、骨が歪んでしまった時と同じように、神経を圧迫して痛みを引き起こすことが多々ある。この原理で首の筋肉が固くなると血行不良も起こり、「頭痛」という形の痛みを引き起こす。頭痛は脳内の酸素欠乏でもあり、頭痛を甘く見てはいけない。

・身体の歪みは骨が勝手に動くのではなく、筋肉の状態（筋肉の短縮）によって発生する。よって的確な筋肉へのアプローチが必要になる。

・目に見える外側の筋肉だけでなく、身体の内部にある「インナー・マッスル」と言われる大腰筋や腸骨筋によって骨盤は支えられている。骨盤の歪みを改善するためには矯正だけでなく、筋肉もしっかり鍛えなければならない。

・そもそも身体の歪みは突発的に起こるものではなく、大半は日常生活における習慣やクセが原因となっている。つまり日頃のセルフケアが重要となる。専門家の姿勢やセルフケアに関するアドバイスなど、的確な運動と生活指導をしてもらうことが必要である。

その症状の原因となっているところから施術してもらうわけだが、ほとんどは症状が出ている個所と施術ポイントは異なっている。これが「その場しのぎ」の施術と「根本的な改善」の施術の大きな違いであることを今では頭と身体で理解、納得している。それが時には、とても痛くて辛抱できないこともある。思わず「痛い！」と大声を出してしまう時もあるが、自分の身体が良くなるのを頭でイメージできるので楽しみでもある。K氏によると痛い時には我慢せず「痛い！」と言った方が身体の余計な緊張が抜けて良いらしい。事実、施術終了後はウソのように、肩だけでなく身体全体が軽くなって、ふわっと浮きそうなくらい快い気分になる。これが本来の身体のケアだと信じて継続している。もちろん、今後も引き続き施術を受け、必要なアドバイスをしてもらうことは言うまでもない。

2、一心に人生を歩み続ける

人生の2周目から驚きの連続を体験した偉人として、お馴染みの松尾芭蕉はまさに典型的だ。芭蕉は45歳の時、西行５００忌の年の１６８９年に弟子の曾良を連れて東北地方へと旅立っている。人生50年と言われた時代の45歳、今で言うところの70歳過ぎに当たる。人生2周目どころか3周目に近い感じだ。そこからあえて東北、道の奥と呼ばれる地方に旅することを決めた。当時の旅は今の新幹線や自動車で移動するものとは少しわけが違う。大変過酷で命がけのもの、それでも自身の俳諧を完成させたいという一途な願いから大旅行を決断した。それによって作られた数々の句の代表的なものとして、次のような名句が思い浮かぶ。

夏草や兵どもが夢の跡

閑さや岩にしみ入る蝉の声

五月雨《さみだれ》をあつめて早し最上川

荒海や佐渡によこたふ天河

過酷な旅は同時に驚きの連続でもあったに違いない。それが芭蕉の詩心を揺り動かし、日本文学史上の珠宝の名句を生み出した。氏は『奥の細道』を推敲に推敲を重ねて完成させている。そして、東北への旅立ちの5年後の1694年、弟子に看取られながら生涯を終える。今の80歳、ちょうど筆者の年（81歳）頃で他界している。辞世の句とも言われる病中の句は有名である。

「旅に病んで夢は枯野をかけ廻る」

年齢を超えて一つのことに打ち込み、死の直前まで一生懸命に人生を歩み続けたその姿に共感を覚える。身体は衰えても、旅への強いあこがれと夢は、ずっと働き続けていることがよく分かる。

ここから学ぶことは、芭蕉のような大詩人になることは当然無理にしても、絵画や写真、何等か芸術に携わり、自分の作品を作るということは、人生の2周目でとても大切なことだということだ。筆者も背中を強く押してもらった感じで、ますます写真の道を究めたいと新たな勇気をもらう。また、自分の作品を作るということは、心を動かすと同時に、身体を動かすことにもつながり、ひいては多くの行動を誘発してくれるから一石二鳥となる。

3、健康的に美しく

健康＝美しくあること、美しく生きることへのモチベーションは、他者に勝つことではなく、自分自身が健康＝美に近づきたいという気持ちから生まれる。突破したいゴールまでの道筋を意識しながら「向上心」ではなく「向上感」を持つ。自分の中にある健康＝美意識が自分を高めてくれる力になる。日常生活のシーンで言うなら、健康的な身体を保つために毎日のウォーキングを始め、ボウリング、スイミングプールで、投げる、歩く、泳ぐというエクササイズをする。といっても、ムキムキになるまでやる過酷なものではない。身体を動かし食事に気をつけることで、以前よりもお腹や太もも、肩回りが締まった。ズボンが少し緩くなった。こういうことも「向上感」の一つだ。そうやって日々少しずつ努力を重ねることにより身体を健康的に美しく保ちたいと思う。美意識が高まれば、自然に自分の行動も律することができるようになる。健康＝美しさという一つの理想像が生まれることで「こういうことは絶対にしない」とか、「毎日８０００歩は歩こう」「食事は腹八分目にしよう」という自分なりの生活基準が構築できる。それをクリアしていくことで、自分に納得感が生まれてくる。自分で自分を正しく評価することができる。まずは一歩を踏み出してみよう。

4、認知症予防　何をしたらいいのか？

長寿の時代を迎え、厚生労働省の推計では、２０１２年では認知症の人が全国で４６２万人と発表。これは高齢者の約７人に１人が認知症ということになる。今後、団塊の世代が75歳以上となる２０２５年には７００万人前後、つまり65歳以上の高齢者の５人に１人、85歳以上の高齢者の４人に１人が認知症になると言われている。認知症は避けて通ることのできない病、誰にとっても他人事ではない。認知症の人が最期までその人らしく安心して生活を送ることができるよう、また、介護を担う家族の人も同様に尊重されるよう、認知症について、町ぐるみで正しい知識を持つことが必要だ。

認知症の人とその家族が安心して住み続けられる町を目指して、我々愛荘町認知症キャラバン・メイトは、例えば、認知症の人への接し方、三つの「ない」運動、①驚かせない、②急がせない、③心を傷つけない、などを中心に啓発活動を続けている。

紙芝居 認知症予防訴え

愛荘の住民団体が作成

認知症予防のために人との交流が大切と伝える紙芝居「前をむいて」（愛荘町役場愛知川庁舎）

愛荘町の住民でつくる団体「認知症キャラバンメイト」が、認知症予防を訴える紙芝居「前をむいて」を制作した。温かみのある貼り絵で手作りし、退職後も人と積極的に交流する大切さを伝えている。

キャラバンメイトは町主催の養成研修講座を受講した40～80代の約60人が所属。町内の介護予防教室に出向き、脳を活性化するゲームや体操を教えている。

紙芝居（A3判11枚）は昨春から1年がかりで完成させた。ストーリーは、退職後に退屈していた75歳の男性が妻の勧めで毎日の散歩や料理教室に参加し、生きがいを見つけていくという内容。彩り豊かな貼り絵で立体的に仕上げた。

認知症に関するデータを交え、高齢者の集いで披露している。脚本を書いた代表の青木宏樹さん（81）は「友人との会話や運動が効果的と、紙芝居を通じて分かってもらえたらうれしい」と話す。

（蘆原裕）

京都新聞（2021年9月10日）に掲載

認知症を正しく理解し、日常の中で認知症の人やその家族を温かく見守っていこうという趣旨で、これまで紙芝居の第一作「ぼくのおじいちゃんは冒険家」、第二作「このまちで」の二作を中心に学校や各地域のサロン、介護予防教室に出向いている。時間の経過に従って、多くの参加者（受講生）から「認知症予防は、何をしたらいいのか、それを教えてほしい」との声が多数上がり、その声に応えるべく第三作目は予防編を制作することになった。

脚本の草稿は代表の筆者が担当、これまでの参加者の声を尊重し、身近な言葉で馴染みやすい名称や施設名などを使ってストーリーを組み立て、各メイトの意見を聞きながら、知恵を絞り修正に修正を加え1年がかりで完成させた。また、統計数字や専門用語等の解説はスクリーンに映し出し理解しやすく工夫した。絵の下書きは素人離れした腕前の知人に依頼し、新型コロナウイルス禍ではあったが、各メイトが分担して色合わせしながら和紙を手でちぎり、糊で貼っていく方法「ちぎり絵」で温もりのあるものに仕上げた。

5、82歳で快挙 233ピン

健康ボウリング、始めて8年目を迎えたそんなある日（82歳）、筆者のボウリング史上初めてとなる「快挙」が偶然にも生まれた。2022年（令和4年）9月15日（木）、さくら・クラブ（13チーム）の例会の第1ゲーム、ボールをクリーニングしたこともあって、いつもと違う新鮮な気持ちで臨んだ。「少し回転」「少し強く」を念頭に投球を始めた。第1フレームのスペアに続いて、ストライクが4フレーム続いた。次にスペア、そしてストライクが3フレーム続いて、10フレーム目に臨んだがプレッシャーもあってか、ついつい本来の投球ができずに初めてミスってしまった。それでも得点表示には233の数字が並んだ。これまでにも200を少し超えたことはあったが、今回のような大量得点は神様からのまさにご褒美と超満足する。その瞬間、隣のレーンからも、また、その隣からも友が駆け寄り、拍手、「スゴイ!」と歓声が上がり、まさにひと時ではあったがスターにでもなったような気分に浸る。「こんなことがあるんだ」と感慨にふけり、やっぱり続けていて良かった、努力していて良かったとひとり心に思い、静かに喜びをかみしめる自分がいた。

　また、ボウリングは全身を動かす。特に、脚や腰、膝などを鍛えるため、健康長寿には良い影響を与えるスポーツだと実感している。さらに筆者は、その状況によりストライクボールで行くか、フックボールで行くか、その時、その時、いろいろ工夫する。すなわち、脳にも仕事をさせているので、後期高齢者の認知症予防にも効果が大きいと考え、良好な環境でボウリングを楽しんでいる。

6、3ホール連続のパー

２０２２年（令和４年）９月28日、82歳、日野ゴルフ倶楽部シニア会9月例会（キング・インコース）に参加、穏やかな秋晴れのもと、いつもお世話になっているY師匠の指導を受けながらプレーに臨む。４番、１９０ヤードの名物ショートホールで幸運の女神がほほ笑んでくれた。第１打が左側手前のバンカーに入る。ピンまでの距離は12ヤードくらいだっただろうか。なんとか寄せたいという一念、無心で打ったボールは幸運にもピンのそばにまで転がってパーをセーブする。５番（パー４）ホールでは、80ヤードの第３打がピンそば約30センチに落ち、これもパーをセーブする。６番（パー４）ホールでは、第3打がピンから8ヤードあたりについた。これはちょっと難しいぞと思いながらもラインを見る、少しスライスかなと思いこれも無心でパターを振る。ややスライスしながらボールはゆっくりと転がり、ピンに吸い込まれるようにして入った。３ホール連続してのパーキープは、筆者とって奇跡としか言いようがない、短いゴルフ史上初めての出来事であり、そして何よりもY師匠を始め周囲をアッと驚かせてしまった。

この日もフロントティーから打つことに少し拘ってプレーした。以前、友人の誘いもあって一つ前のティーから打ったことがあった。その時、10打ほど改善することができ、これは実証済みである。そうしたことから一つ前のティーから打って回れば、シニア会などでは優勝の可能性だって十分あると内心思っている。それでもあえてフロントティーから打つことに拘っている理由がある。それは安易な道を選んでつかの間の喜びを味わうよりも、健やかな90代、100歳を迎えるためには、心身ともに今はその準備をする、健康を貯金する過程にあると心得、その大目標達成のためにもう少し自分を苦しめたい、悩ませたい、精神的にも苦労させたい。そこに新たなエネルギーが湧き、より強い力が構築され、蓄えられると思うからだ。遠くの空を眺めては、夢を大きく膨らませる。

ちょうど同じ頃、82歳の筆者が、八日市イトマン・スイミングスクールで、1回の教室で1400メートル、1週間に平均4回・5600メートル泳いでいる現実を日頃目の当たりにしている仲間の一人、50代後半のMさんは、練習の後、互いにお風呂で身体を癒している時、いみじくも「私が後期高齢者になっても、青木さんのように生活の中にスポーツを取り入れて、健康生活が送れるようになりたいと思っている」と話してくれたことがある。今や筆者がMさんの人生のお手本になっていることを知り、これを誇りに思うと同時に、初心貫徹のための新たなエネルギーに加えたいと決意を新たにした次第である。

7、野菜摂取　全国ワースト5位

平均寿命を始め、ボランティア、スポーツなどへの社会参加率で滋賀県は、常に全国で上位に位置している。にもかかわらず、なぜか野菜摂取量（平成28年国民健康・栄養調査）では、第1位の長野県（男性・352グラム、女性・335グラム）を大幅に下回り、男性はワースト6位（269グラム）、女性はワースト5位（240グラム）と低迷しているのが現状だ。「野菜類を1日・350グラム以上食べよう」、これは健康な生活を維持するために掲げられている目標の一つだ。現状は成人の一日の平均摂取量は280・5グラムで、この10年間、ほぼ横ばい状態が続いている。野菜は生活習慣病の予防に役立つ豊富な栄養素が含まれている。野菜のパワーを知って、毎日の食生活に少しずつ野菜料理をプラスしたいものだ。野菜を食べることは、身体の調子を整え、老化防止や発がんの抑制、免疫力の向上などにつながると期待されている。また、いつもの料理に野菜をプラスすることで甘味やうま味が加わり、より美味しく健康的に食べることができる。

そこで、男女ともに野菜摂取量の目標値を1日・350グラム以上と定め、機会あるごとに町民を対象に啓発活動をしている。その一環として、愛荘町健康推進員協議会では、令和4年（2022年）度事業としてヘルスメイトパワーアップ事業（カゴメベジチェックによる野菜摂取量アップの啓発）を10月8日から3日間連続で平和堂愛知川店にて開催。期間中545名（男性・133名　女性・412名）が参加して熱心に耳を傾けてくれた。82歳の筆者も現役健康推進員の一員として出役、多くの人と接する機会を得た。チェックの後には、結果記入シート（あなたの野菜摂取レベル・推定野菜摂取量）により数値を見ながら個別に管理栄養士の指導助言があり、野菜摂取の必要性を改めて認識する人が多く見られた。ちなみに、日頃1日・350グラム野菜摂取を心得ているつもりの筆者の場合、野菜摂取レベルは3—5（7—8が350グラム相当）と低く、推定野菜摂取量も250グラムと不足していた。

第11章　第二の人生華やかに

1、82歳の5大目標

80代はゴールではなく、あくまでも100歳に向かって、さらに100歳を越えたらその先に向かうための心の準備をする、82歳の5大目標を掲げる。

①「生活の基本は歩くこと」と肝に銘じ、毎日8000歩以上歩く。毎朝食後、必ず豊満神社参拝ウォーク（往復4キロ、約5000歩）を実施する。夕方、スイミングスクールと重なる日を除いてはもう一度豊満神社まで歩く。

②週4回、八日市イトマン・スイミングスクールに通い、教室・45分で約1000メートル。教室に入る前200メートル、終了後に300メートル泳いで1回トータルで1500メートル泳ぐことを目標にする。8年後、マスターズ水泳（短水路）1500メートル90歳～94歳の日本記録に挑戦する。

③滋賀県や各市開催の美術展覧会（写真の部）に出展して、年間入賞3点以上を取る。他の人にはない自分独自の味ある作品作成を目指す。全日本写真連盟会員、八日市フォトクラブ会員。

④週1回のカラオケ教室（個人レッスン）で曲をよく聞き、大声を出して気分をスッキリさせる。1時間大きな声を出して歌うと、エネルギーが消耗し壮快感を味わうことができる。練習曲目　春の蝉・若山かずさ、人道・高尾山・北の漁場・北島三郎、南部蝉しぐれ・筑波の貫太郎・福田こうへい、津軽の花・原田悠里、人生勝負・松前ひろ子、はぐれ花・市川由紀乃、海峡雪しぐれ・川中美幸。

⑤週1回の健康ボウリング。ストライク、スペアを取る工夫を重ね、安定スコア150を目指す。投げる時、少し指先を強くして、押し出しながら振り上げる形で正確な投球ホームを定着させる。

2、自然の造形美に市長賞

２０２１年（令和３年）１月８日朝、強い冬型の気圧配置となり各地で冷え込んだ。滋賀県草津市の琵琶湖岸では、風にあおられた波のしぶきが草木について凍る「しぶき氷」が現れた。

同日、我が家の外の寒暖計は氷点下４・０度だった。小雪が舞い、積雪約10センチの中、満81歳は雪にもめげず、朝８時、毎朝励行のウォーキングで2キロ先の豊満神社を目指す。その日は風もなく、しんしんと降る雪の重みを傘に感じながら、ただひたすら歩む。豊満神社裏にある周囲約４００メートルの灌漑用調整池に着くと、水面の2割程度に雪が積もり、白い島が細長く帯状に繋がったり途切れたりと、ステキな自然の造形美を目の当たりにする。20年来、ここを散歩のコースにしているが、このような光景は初めて目にするものだ。これはいけると直感、雪道にもめげずカメラを取りに慌てて自宅に戻る。引き返す

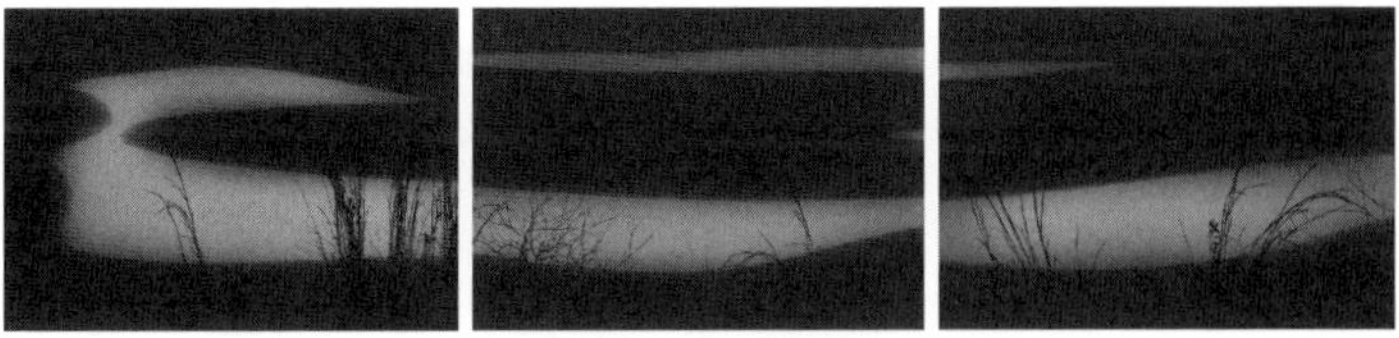

「雪の形」（筆者撮影）

のに40分くらいは経過しただろうか、気温上昇の影響か水面の白い島は2分の1くらいにまで縮小していた。しかし、それでも面白い、今まで見たこともない珍しい光景を前に胸を弾ませながら、カメラのシャッターを押し続けた。

この日、この時、ここを通りかかった者にしか目にすることができない神様からのプレゼントだと、寒さを忘れ、指先の痛さをこらえて、角度をいくつにも変えながら、自然が醸し出してくれた造形美を楽しんだ。この時に撮影した写真「雪の形」３枚組は、２０２２年（令和４年）２月の第17回湖南市美術展覧会で見事市長賞に輝いた。正に神様からのご褒美とありがたく感謝しながらいただく。

3、「一、十、百、千」を忘れないで

２０２２年（令和４年）１月12日、「一、十、百、千を忘れないで過ごそうね」という言葉を新聞で見た。数字の位の話ではない。私たちが歳を重ねていきながらも、心身ともに健康に暮らすために必要な数字で「一日に一回は大声で笑い、十人と言葉を交わし、百文字は書き、千文字は読もう」という一つの目安だそうだ。自分の生活はどうなっているのか当てはめてみる。まずは「一」について、筆者はテレビを見たり、人と話している時でも大きな声を出して笑う単純なところがあり「一」はＯＫ。次は「十」。趣味で始めた写真の友達を始め、週１回の健康ボウリング、週４回のスイミングスクール、ボランティア活動と、お陰様で友達は多く、沢山の方と毎日話をする機会を得ているから「十」もＯＫ。「百」はどうかな？　気づいたことを文にまとめ新聞社への投稿を始め、近い将来「人生の卒業論文」を出版しようと、その時々の思いや考えをエッセイとしてまとめるな

ど、せっせとメモを取る習慣があるので「百」も良し。最後は「千」。朝食後新聞に目を通すのが毎日の習慣になっている。新聞から得る情報は多く日常生活に欠かせないものになっているので「千」も完璧だ。こうして見ると、知らず知らずの間に日常生活の中に「一、十、百、千の生活」が営まれていることに感謝、感謝の気持ちでいっぱいだ。

4、自発的なやる気 見守る心遣い

２０１２年の日本人の「平均寿命」は、男性79・94歳、女性86・41歳と世界でもトップクラスの長寿を誇っている。しかし、健康で自立した生活ができる「健康寿命」は、男性71歳、女性74歳と平均寿命に比べ９～12歳短くなっている。そうした中で、昨今の高齢者は、家族や周りの人に迷惑はかけたくない、天寿を全うするまで元気に暮らしたいという思いとは裏腹に、要介護状態になっている人が増えていることをよく耳にする。

脳も使い続けていれば活性化し、アルツハイマー病予防の可能性があることも分かってきている。脳は意識、神経活動の中枢、この脳機能を現役と同じような状態で、できるだけ長く活用し続けることが、認知症を寄せ付けない環境を生み出すひとつの手法であることは確かだ。従って、『生きがい』を持って仕事をし続ける、趣味を生活の中に生かし続ける、日常的に運動をし続ける、こうした普通の生活を長く「続ける」ことが望ましい姿であることは間違いないであろうと考えている。

また、高齢者に接する家族が親切と思って、「おじいさん、おじいさん」と言って優しい言葉をかけるのは良いことだが、それだけではなく仕事や趣味、そして、スポーツも「危ないからやめて！」「これまでに十分やってきたのだからこれからは静かにしていて」、などという過度な心配や思いやりは、本人の自発的なやる気や行動力、そこから生まれる達成感や楽しみ、夢までも奪い取ってしまうことになりかねないのではないかと考える。今一度、見直しする必要があるのではないだろうか？

持っている能力がまだ十分使えるにもかかわらず、それを周りが無理やり使えない状態にしてしまっていることに気づいていない。各種の機能は使えるにもかかわらず、使わないものだから昨年よりも今年、今年よりも来年といったように、否応なしに能力が低下する方向に向かってしまう。あげくの果てには周りの人に頼りがちとなり、自分で調べて計画を立てる、考えて行動に移し楽しむ、その気力さえも徐々に失い、自分で決めて行動する喜びを忘れてしまう。そうすると、いつしか脳機能を低下させてしまい、それが認知症により早く近づけてしまう道へと発展するのではないかと考えている。

そこで大切なことは、脳の活動を停滞、低下させないためには、高齢者の「自発的な計画や行動、やる気」を温かく見守る周りの心遣いが必要ではないだろうか。高齢者一人ひとりの生活が活発になるように、高齢者個人の身の丈に合った「計画、実行、満足、チェック、反省」のサイクル活動をそっと遠巻きに支援してあげる周囲の暖かい見守りがもっとも大切なことであることをここで強調しておきたい。一方、酷な言い方だが、高齢者も家族を過度に頼らずに、できるだけ自立し、自らが「ひとりを鍛える」自覚を持つことが大事だと考える。平たく言えば、よちよち歩きの子どもを、少し離れた所から気づかれないようにそっと見守る親の気遣い、見守りのようなものが必要だと思う。同時に、子どもの小さい頃は親が育てるが、年老いてからは子が親を育てる番になることを自覚し、本来の親子関係を見直していくことも急務であると考えるが、いかがでしょうか？

5、賢いお嫁さん

1週間に3回、デイサービスに通うお姑さんの介護をするお嫁さん。デイサービス当日、一般的には下着やタオル、靴下などを事前に揃えて袋に入れ、お嫁さんがお姑さんに手渡し、「気をつけていってらっしゃい」と玄関先で送り出すのが通例かも知れない。しかし、知人のお嫁さんはちょっと違う。日頃からお姑さんの行動や作法について、「よくできましたね」「すごいですね」と、子どもにでも声をかけ、笑顔で接するように、まずは褒めることを日常茶飯事することを心掛けているという。デイサービス当日も、本人の自立心を掻き立て養おうと、「今日は楽しいデイサービスですね。いつものように下着やタオル等の準備はご自身でなさってくださいね」と優しく促して、自らが準備をすることを習慣にしている賢いお嫁さんである。そこにお姑さんの「自立している」という自信とやる気を起こさせる気概というものが、自然と培われていくのではないだろうか。そして、こういう日常の何げない「声掛け」により、お姑さんの気持ちの高揚とともにお互いのコミュニケーションの潤滑油になると考える。

6、待ち遠しい「水泳教室」

80代の水泳教室、1週間に昼間2回、夜間2回の計4回を目標にして八日市イトマンに通っているが、健康推進委員の研修会や介護保険運営委員の会議などと重なる日も出てくるため、実質的には週に3・5回程度にとどまっている。これがなぜか子どもみたいに、待ち遠しいくらいの楽しみになっている。水泳のある日はとても充実した気分になるが、水泳のない日は何か物足りなく、ぽかんと穴の空いた気分になるのもそのせいだろうか？

プールに入る前、約10分間の準備運動を自主的に実行する。その後、アップで200メートル泳いで体調を整えて教室に備える。教室は曜日によって多少は異なるが、泳ぐ距離は、おおむね800～1200メートルというところだ。また教室が終了するとすぐに自主トレーニングに入り、ダウンで連続して300メートル泳ぐことに努め、トータル、1回の教室で1300〜1700メートル泳ぐことを目標に掲げ自分自身に付加している。会議や研修会などで水泳教室を休む時は、なんだか寂しい気分になる。それくらい日常生活の中に「水泳」が深く溶け込み、なくてはならない存在になっていることに喜びを感じている。そこには自らの健康管理の柱を水泳第一として位置付けているからだと思う。

泳いだあとは、そよ風が心地よい疲労感を誘発してくれ、なんとも爽やかな気分に浸ることができる。食事もおいしいし、特にお酒は1・5倍くらいよく回り、ぐっすりと眠れるから一石三鳥だと思っている。翌朝のお通じもスムーズで「ありがとう」とつい感謝の言葉が漏れる。朝食後のウォーキングの足取りも何となく軽やかに運ぶ。泳ぐことは身体全体のストレッチになるからだろうと、独り勝手に推測して満足している。だから余計に水泳教室に行くのが楽しくなる。

第12章　成熟を楽しむ

1、日程は美味しいバラ寿司

以下は、2023年（令和5年）、83歳当時の運動と趣味等を織り交ぜた週間スケジュールである。

80代は90歳から100歳へ、さらに100歳を越えたらその先に向けての道のりを想定、より健康貯金に重点を置き、具体的に充実した日々を刻むためのものにした。そこには80代には90歳、100歳、110歳への「準備道」との位置づけも強く持たせ、日替わりで運動、趣味などをバラ寿司のように盛り合わせている。

［月］朝体操20分　歩き4キロ　作文　午後カラオケ　夕方歩き4キロ
［火］朝体操20分　歩き4キロ　作文　午後プール（1300メートル）
［水］朝体操20分　歩き4キロ　ゴルフ（晴れの時隔週）　夜プール（1300メートル）

［木］朝体操20分　歩き4キロ　午前健康ボウリング　夕方歩き4キロ
［金］朝体操20分　歩き4キロ　写真　昼プール（1500メートル）　隔週整体（自宅）
［土］朝体操20分　歩き4キロ　作文　夕方歩き4キロ　夜プール（1300メートル）
［日］朝体操20分　歩き4キロ　写真　夕方歩き4キロ
【ボランティア活動】地域支援グループ「さざなみ」代表幹事　町認知症キャラバン・メイト（代表）　町健康推進委員

2、75歳　過ぎると海外旅行が難しい

２０２３年（令和５年）２月、83歳、以前から一度秘境での棚田の写真を撮りたいと頭に思い描いていた。中国やベトナムにはすごい棚田があると聞いていたので、いろいろ探していたある日、「ベトナム北西部、山岳少数民族と棚田の美を撮る」という広告が目に止まり、「これだ！」と直感、すぐに旅行社に参加したい旨のメールを送る。旅行社より

折り返し連絡が入る。

「ご年齢で一括《くく》りできず大変恐縮ですが、弊社主催のツアーに参加していただく場合、原則として75歳以上のご年齢のお客様には健康診断書、または第三者の方からの参加同意書を頂戴しております。また、最近はコロナ禍で海外旅行のままならない3年間でしたが、日本国内ツアーなどに参加されていらっしゃいましたか？　体力面でご不安などございましたら、併せてお知らせいただけたらと思います」

これに対して75歳以上ということで一括りにされてはたまったものではない、という怒りにも似た思いを胸に秘めながら、すぐに日常生活の現状を報告し、参加したい旨を伝える。

「体力面についてご心配をいただいているようですが、毎日1万歩歩く、週に4回スイミング教室に通い、1回1500メートル泳ぐ、週に1回健康ボウリングに参加、2週間に1回ゴルフ、そして、全日本写真連盟の会員として写真撮影にも日々駆けずり回るという生活をしていますので、皆さんにご迷惑をかけるようなことはありません。ぜひともベトナムに行きたいので参加の方向で準備をお願いします」

これに対して旅行社からは「失礼なお伺いをいたしまして申し訳ございません。詳細をお伺いして安心しました。引き続きどうぞよろしくお願いします」とのメールが入り、ひとまずは胸をなで下ろす。

しかし、75歳を過ぎると、世間一般的には要注意扱いをされるのだ。旅行社としての基準もあることだから、これも致し方ないことだとは思うが、健康でなければ、もう海外旅行をすることもできない年代に入っていることを思い知らされる。今後も、年を重ねるに従い「海外旅行」はますます狭き門になり、選ばれる存在になる現実に直面する。同時に、「健康生活」を長年心がけ、実践してきて本当によかった。まさに「健康は宝だ」と自分を褒めてあげ、これからもさらに増して健康管理に意を注がねばならないと、決意を新たにした次第だ。

3、歩くことの大切さ 改めて痛感

コロナ禍の関係で途絶えていた海外旅行、3年ぶりの行き先はワインの産地でもある東フランス、ドイツとの国境を接するアルザス地方。ドイツ風木骨組みの中世の街並みが残るエギスアイム、コルマール、ストラスブールなどを選ぶ。

２０２３年（令和５年）３月16日、83歳、「アルザスワイン発祥の村」エギスアイムを訪ねる。東フランス、コルマールへの玄関口に佇むこの村は、アルザスワイン揺籃《ようらん》の地として知られる。城を中心とする同心円状に村が広がり、泉のある広場から続く曲がりくねった石畳の小路では、張り出し窓のある色鮮やかなコロンバージュ様式の民家が出迎える。おとぎの国に迷い込んだかのような可愛らしい村である。村内には16世紀〜17世紀の民家が数多く残り、歩みを進める度に様々な表情を見せる。それぞれの民家には家が建てられた日付やそこに住んでいた夫婦のイニシャルが刻まれ、この村が積み重ねてきた豊かな歴史を物語る。とりわけイエス・キリストを表す「ＩＨＳ」という碑銘は、厄除けや夫婦円満を願って彫られたと言われている。また家主の職種を窺い知ることができる。玄関扉の上に渡された石に彫られた紋章を見つけながら散策するのも面白い。村中は花で彩られ、色とりどりの木組みの民家が建ち並ぶ愛らしい街並みは訪れる人々を魅了している。

地震がなく木組みで3階、4階と積み重ねられた建物が古くから並ぶ街並み、それは絵画的な街並みでもある。ついつい夢中になって写真撮影をしていて、さて自分の現在地は

東フランスの街並み

と思った時、略図はあるものの見失っていた。さてどうしようかと不安が募り思案しているところに、通りかかった女子高校生と思われる二人に身振り手振りで窮状を訴える。するとすぐに理解してくれたのか「私のあとに付いて来なさい」とばかりのゼスチャー、先導されること約２００メートル余り歩くと、街を縦に走る大通りに出て、ここを右の方向に行くと集合地に行けると指差しして優しく案内してくれた。これで集合時間に間に合うと、ホッとすると同時に胸をなで下ろす。旅先でのほのぼのとした温もりを感じながら、親切に案内してくれた二人の背中を「ありがとう」の感謝を込めて見送る。

レストランでの昼食時、最初にスープがそれぞれに出されたが、その器、隣と見比べると大きさが異なっているのに気づく。その隣、その隣と比べると大中小あり、その容量は大10に対し小5といった感じだ。我々日本人の常識からすると、団体15人が来れば同じ大きさ形、柄といったものを全て統一の器で出すのが「普通」と考えている。しかし、フランスでは大中小いろいろあって面白い的文化が漂い、それが主流で「普通」のようでもある。これまで我々が抱いていた日本人の「全て統一」といった「普通文化」を今一度考え直し、多様性ある幅広く対応できる文化を取り入れる機会にしたいものだ。

空路、エールフランスにて機中ワインのおもてなしを受けるも、関西空港↓パリ間、日頃活動的に行動している筆者にとっては、シートベルトで長時間にわたって縛られるのは苦痛としか言いようがない。ましてや、行き15時間、帰り13時間のフライトは実に長く感じ疲れる。また、絵画的で魅力的な石畳が続く坂の多い街歩き、多い日には1日1万5000歩を歩くなど、歩くのにも体力と工夫がいる。海外旅行をするのには日々の体力づくり、特に、歩くことの大切さを改めて痛感した今回の思い出多き旅である。

4、総力で棚田守る少数民族

２０２３年5月17日（83歳）、ベトナム北部、空の玄関口、ハノイ国際空港から１３０キロ西部に位置するイエンバイに約3時間かけて専用車で移動。5月18日、イエンバイからさらに西を目指し、約１７０キロを5時間かけて曲がりくねった山あり谷ありの山道を走り、美しい棚田の景観がベトナム国家遺産に指定されているムカンチャイに向かう。途中、山岳少数民族・黒ザオ族、タイ族の村を訪れ、標高７００メートルのカウファ峠に立ち、水が張られた緑の濃淡も色鮮やかに映えるこれまでに見たこともない、見渡す限り膨大な棚田群の広がりを目の当たりにする。そこには特設の展望台が設けられていて、胸をときめかせながら夢中になってカメラのシャターを切る。

その陰には、働き盛りの男女は、苗を取る人、その苗を背負って坂道を運ぶ人、そして形状の悪い小さな棚田で植える人、みんなが力を合わせて日の暮れるまで、真っ黒に日焼けして汗を流す姿がある。老女は水牛の餌用にと背丈ほどもある草を大きな鎌で刈り倒し、束ねて背負い運ぶ。7歳くらいの男児は5、6頭の水牛を従えて丘をかける。そのあとを1、2歳の子どものお守をしながら5、6歳の女の子が追う。一年中で一番の繁忙期、家族総ぐるみで力を合わせて乗り切ろうとする姿がそこにあり、先祖から受け継いだ棚田を総力で守り、次代へ受け継ごうとする心意気がにじみとれる。そこには、忘れかけていた、筆者たちが子どもの頃経験した、終戦直後の日本の農村の原風景が広がっていて、当時にタイムスリップしたかのように懐かしく思い起こした次第である。

ベトナム・ムカンチャイの棚田

5月19日、早朝、朝日が昇るに従い様相が変化していく棚田、特に断崖絶壁に刻まれたように並ぶ棚田、ムカンチャイ周辺の棚田の状況を撮影する。ムカンチャイからさらに西方へのくねくねの山道、約250キロを走りライチャウに向かう。途中、タイ族の村や茶畑で働く村人の姿、お歯黒をするルー族の村の撮影に立ち寄り大きなパワーを授かる。訪問先では男性の民族衣装のデザインが気に入り、無理を言って譲り受ける。

5月21日、早朝、ライチャウの日曜市へ、朝食後、ライチャウから東へ180キロのサパに向かう。途中、ルー族の村、黒タイ族の村を訪ねる。標高1600メートルに位置するサパは、ベトナムの軽井沢と称されて、避暑地として親しまれ、多くの観光客で賑わっている。目前に迫る中国との国境近くには、3000メートル級の山々が屏風のように立ちはだかる。

5、カメラを持たないカメラマン

今回のベトナム北西部の旅で、筆者より少し年が若い千葉県から参加のSさんは、ただ一人カメラを持参されていないが、カメラでは撮影できない描写力、探求心そして情熱は人一倍旺盛で頭が下がる。そのSさんからいただいた便りの中に、心にしみる文学描写があったので一部をここに紹介する。

写真を撮る人たちの群れから離れて、少数民族の人々の暮らしや文化、生活、自然等々に目を注ぎ観察していると、気づくこと発見すること学習すること疑問に思うことが続々と、むらむらとおいらの脳内に胎動してくる。日本の今に生きて機械文明の恩恵にどっぷりとつかり、快適で便利で、安全で健康的な日常、清潔で無菌状態の空間、申し分のない生活環境である。が、が、このままこの環境の中にどっぷりと浸かり日々安穏に暮らすことが、人間のほんとうであろうか。

おいらはこんな感動的な光を見た。それは夕方の撮影のため、隊は棚田に向かった。見事な棚田である。西に日が沈む。棚田を囲む山々、その頂点に日が沈むのを待って全員がカメラを構えた。おいらはそんな緊張と真剣な一瞬には斟酌なくいつものように、棚田のいちばん下にある物置小屋の方にすたすたと降りていった。物置小屋と思い近づいたところには人が住んでいた。水牛が庭につながれていた。その家には子どもが4人いた。よく見ると中にはもっといるようだ。父親らしき男が水牛に餌をやっていた。

母親の姿はない。子どもたちはぞろっと仲良く遊んでいる。2歳ぐらいの男の子、3歳ぐらいの女の子、パンツなんて文明のまやかし品はつけていない。恥ずかしいからパンツをはくのではなく、パンツをはいたことによって恥を知ったのだ。夕日が山の頂点に沈むころになって、子どもたちはいっせいに大きな岩のあるところに集まった。そしておいらのいる方に向かって駆け寄ってきた。田の畦道を田の中を素足でチャチャとジャブジャブと水を踏みながら、おいら何事かと思ったさ、「何かまずいことしたのかな」と思っていたら違っていた。

子どもたちの前方にお母さんが、母親が、山から、棚田の斜面を駆け降りるようにして、仕事から帰ってきたのだ。母親と顔を合わせた瞬間、その群れは原始の幸せの根源に、はじめて喜びの「何たるか」を知ったその時に遡ったかのように全身でほほ笑む。そのほほ笑みが棚田の光景とぼんやりと照らす家の明かりの中に溶けていく。

ひとりの子は母親の荷を持ち
ひとりの子は鍬を持ち
ひとりの子は母親に抱かれ
ひとりの子は手をつないで

その光景はおいらの子ども時代の一齣に同じだ

Sさんからの手紙は、終戦直後、筆者が子どもの頃、田植えの時などには学校から帰るとすぐに田に出向き、田掘りや土を砕いて細かくするかじり、苗取りや苗運びに汗を流し、泥まみれになりながら手伝い、家族総ぐるみで農繁期を過ごした昔日をほうふつとさせる一文である。

6、もうひとつの楽しみ

四季折々、移り変わる景色や雲の流れを眺め、また風の香りやぬくもりなどを感じながらのウォーキング中に、最近もうひとつの楽しみが増えた。それはウォーキング中、擦れ違う車のナンバーの4つの数字の合計を瞬時に計算するという筆者のオリジナルのゲームだ。車が来るのが時々なら答えを出すのにも余裕ができるが、そんなことお構いなしで信号の関係もあって、来る時には堰《せき》を切ったように十数台が一気にやってくる。全て対応することは正直言って難しいが、できるだけやってみようと心がけてきた結果、当初と比べるとだいぶこなせるようになってきた。認知症予防にも効果があると思い、今日までなんとか続けてきている。

数年前、孫のSくんが来た時、いっしょに歩きながら、じいちゃん考案の新ゲームを教えたところ、すぐに会得し、最近では速さの面で先を越されることが多くなってきた。少し悔しい気持ちもあるが、しかし、孫と共通の楽しみがまたひとつ増えたと、ひそかに喜んでもいる自分がそこにいることに気づいた。

筆者のように、毎日決めた時間に決めたようにやらないと気が済まないという人がいる一方で、続けてやるためには、「毎日やらなければいけない」という縛られた気持ちを捨てて、「週に2、3回やればいい」くらいの楽な気持ちでやることの方が長続きするという人もいる。それは個人の考え方次第だと思うが、要は「継続は力なり」だと思っている。

筋肉は長年鍛えてやると付いてくるが、反対に怠けているとすぐに弱っていくものだ。

最近の研究では、ある一定期間しっかりとトレーニングを積んで筋肉を付けておけば、少しの期間くらいなら訓練しなくても、再度トレーニングを始めれば、筋肉が覚えていて蘇るという「マッスル・メモリー」も知られている理論である。いずれにしろ、キーワードは「継続」ということになる。

近年、この毎朝のウォーキングに加えて、認知症の予防と体力づくり、新しい自分の発見、そして自分自身に挑戦するという心意気などが手伝って、日替わりで自分の趣味に興じている。これは健康管理面と併せて、人生のフィニッシュともいうべき高齢生活を最高の形でエンジョイする目的で実感している。一例を挙げると、月曜日はカラオケ教室、水泳は週に4回定期的に教室に通う、ボウリングは毎週木曜日に汗を流すといったように……。

第13章　乗り越えて乗り越えて秀作

1、今「歩く貯金」をしておこう

2023年6月（83歳）、4歳年上の知人のことが気になり、様子を窺うため近日上京するので訪問したい旨をメールしたところ、知人には脊柱管狭窄症でひどい痛みがあり、足が垂れ歩行が思うようにできないことから多忙を極めているとのこと、それを聞き驚くと同時に大きなショックを受ける。元気にしていた人が急に歩けなくなったと聞くとそのショックは計り知れない。

ややもすると日常歩けるのが当たり前と思いがちな筆者。もし、歩けなくなったらどのような日常生活を送ることになるのか、自分なりにイメージしてみた。

まず毎朝の散歩、四季折々の景色を眺めながらの楽しみがなくなる。旅行にも出かけられない。プールにも行けない。そしてボウリングにも行けない。毎日のトイレやお風呂にも行けない。どうすればいいのか？……お先真っ暗になる。やはり家族を始め人様のお世話になるしか他に道はなかろう。自由に歩いていた者が歩けなくなる、現在では考えられない日常が待ち受けているのである。皆さんも自分のこととして一度考えてみてほしい。

人間は歩くことが生活の基本である。従って２本の足でいつまでも歩き通したいとの思いを強く持ち、日々の生活習慣を組み立てている筆者であるが、もう他人事ではないとの思いをこれまでになく強く抱く。いつの日にか筆者にもその日がやって来るに違いない。その日はできるだけ遅い方が良い。２本の足で自由に歩くことの大切さを改めて痛感するとともに、これまで実行してきた日々スポーツを取り入れた生活習慣は間違っていなかったと確信し、さらに持続して実行していくことを自身に言い聞かせた次第である。「今、歩く訓練をしておかなければ数年後に歩けなくなる」。今、「歩く貯金」をして、数年後も歩ける身体を維持しなければならないと思い、自分自身に改めてムチを当てる。

2、「おやこの食育教室」開催

愛荘町健康推進員協議会では、2023年（令和5年）8月2日、小学校4年の親子を対象にした「おやこの食育教室」を開催、83歳の筆者もこれに参加した。幼児期から小学校期は人格形成期の最も大切な時期であり、味覚を始め豊かな感性を培われ、心と身体のバランスのとれた人格を育てる時期と言われる。令和5年度もこれまで進めてきた「食育の5つの力」をテーマに「朝食と共食の大切さ」に重点を置き実施、手を切りはしないかとひやひやしながら、筆者はそばで見守った。

新型コロナウイルス感染症流行下において生活様式にも大きな変化があり、在宅時間や家族で食を考える機会が増えたことにより、家族での食育の重要性が高まることから、親子がともに調理体験をすることで、食事の大切さを学び、合わせて親子のコミュニケーションの場を提供しようとするものである。

親子で料理実習

◇毎日3食、食べて元気！　食育5つの力。①食べ物の味が分かる力（たくさんの食べ物を食べると味をおぼえられるよ！）、②食べ物のいのちを感じる力（自分で野菜を育ててみよう！）、③食べ物をえらぶ力（買い物に行くといろいろな食材があるよ！）、④料理ができる力（家の人といっしょに料理を作ってみよう！）、⑤元気なからだが分かる力（早寝、早起き、運動もしよう！）。

3、認知症予防「自分のことは自分がする」

2023年（令和5年）8月18日（83歳）、愛荘町認知症キャラバン・メイト、近隣の甲良町との合同研修会資料を「考えながら行動すること」をテーマに作成した。……肉や野菜、豆腐、こんにゃくなど準備して、考えながら食事の準備をする。食品などいつ買い物に行けば半額になるか考えて買い物に行く。思いついた時にまめにメモをとる。……これらは全て日常生活の中で、自分自身が認知症予防につながると考え行動に移している一例だ。

その生活習慣そのものが、認知症を寄せ付けない習慣だと考えると何も苦にならず、逆に準備段階からあれこれ考え行動するから、毎日の生活にも張りができ楽しくなる。また、人は食欲の衰えは気にしても、物を書くことへの意欲の衰えはあまり気にしない。だから書くことへの衰えが老化を早める。「できることは自分でする」という考え方を大切にしたい。

身近な高齢者への対応は、法令違反や迷惑行為ではない限りはあえて止めない。本人の満足度を維持する方向で、できるだけ本人がやりたいように暮らしてもらうようにしたい。

認知症を予防する薬は今のところ開発されていないが、予防するための生活習慣は周囲を見ればいくらでも転がっている。ただそれを見つけて実行に移すか、移さないかだけで、それは本人の気持ち次第だ。基本は人に頼るのではなく、「自分のことは自分がする」この基本を忘れずに、口ぐせにして、この習慣を身に付け、こまめに身体を動かし行動に移すことが、とりもなおさず認知症の予防につながること間違いなしである。

団塊の世代が75歳を迎える２０２５年、高齢認知症患者数は全国で約７００万人に達すると推計されている。これは実に65歳以上の高齢者、５人に１人に当たる数字だ。さらに筆者が１００歳を迎える２０４０年には、日本の高齢化率が34％と最も高くなり、その数は限りなく3人に1人に近づき、誰が認知症になってもおかしくない、想像することができないような社会が到来する。そうした背景を受け、国は本腰を入れて取り組むため２０２３年（令和５年）６月、「共生社会の実現を推進するための認知症基本法」を成立させた。そこには認知症の人を基本的人権を持つ個人として、自らの意思で社会生活を営めるようにすると明記した。認知症になっても安心して暮らしていける住みやすい地域づくりがいっそう強く求められる。従って我々「愛荘町認知症キャラバン・メイト」の果たすべき役割は、日増しに増大しているといっても決して過言ではない。私たち一人ひとりが、地域で暮らす認知症の方とその家族を気遣い、身近な応援者になることが、認知症に優しい社会をつくる第一歩につながると考え、しっかり活動していきたい。

振り返ってみると、2012年（平成24年）頃は、手探りの中ではあったが、認知症とはどういう病気か、どういった症状が現れるのか、これらについて説明し、正しい接し方の具体例を示し広く理解を求めた。そして次の段階として、さらにそれから5～6年後、「避けて通ることのできないこの認知症、どうすれば予防効果があるのか、それを教えてほしい」との意見が多く出る。その声に応えようと当愛荘町認知症キャラバン・メイトでは、コロナ禍ではあったが、2019年（令和元年）、みんなが知恵を出し合いストーリーを工夫して、手作りの「ちぎり絵」も加え、約1年がかりで認知症予防編の紙芝居「前を向いて」を制作。具体的数値や図表などはスライドでの説明とした。

2024年（令和6年）さらに予防効果が見込める具体的項目（6点）をあげ、みんなの不安解消に努めようと胸を膨らませている。①有酸素運動（ウォーキングや水泳など）

で積極的に身体を動かす。②アジ、サバ、イワシなど青背の魚や緑黄色野菜を食べる機会を増やす。③30分程度の昼寝をする。④朝起きたら朝日を浴び、食事や睡眠の時間など規則正しい生活を送る。⑤調理や食事を楽しむ、新聞や本などを読む、カラオケや園芸など趣味を楽しむ……脳を鍛える活動にとり組む。そして、⑥難聴が認知症になりやすいことから、難聴傾向の人は医師と相談して補聴器を付け会話等を楽しむ。

これまで地域社会や小・中学校生を対象に取り組んできた「認知症サポーター養成講座」の開催、最近ではスーパーや金融機関での接客対応で生じる問題点を事前に把握し、解決策を共に学ぶなど、企業としても一歩前に出て取り組もうとする姿勢が顕著に現れ始め、「認知症」の問題を広く社会全体で支えようとする動きが漂い、新しい局面を迎えていることを実感する。今後においても、日々、地域や学校・事業所等に出向き、紙芝居や寸劇、そして講話などを通して、認知症について正しく理解していただくため、いっそう努力を重ね、この愛荘町に住んでいて良かったと言える街づくりに、皆さんと一緒になって取り組んでいきたいと決意を新たにする。

4、写真10年　神様からのプレゼント

2023年（令和5年）9月23日、滋賀県希望が丘文化公園で「滋賀けんせつみらいフェスタ2023」が開かれた。「…建設のお仕事は、私たちの生活をささえる大切な役割を持っています。このフェスタでは、そんな建設の仕事について、楽しみながら学んでいただけます」という主旨で行われたこのフェスタの席上、一般社団法人滋賀県建設業協会が主催の第29回「夢けんせつフォトコンテスト」において、応募総数267点の中から、筆者が野洲川ダムで撮影した「ダム放水」（写真）が見事に「グランプリ」に選ばれ表彰される。これまで受賞するのは他人様のことと考えていたが、ついに自分の身に及ぶことになり、写真を始めて10年、このビッグな受賞に胸躍り喜びいっぱいだ。10月に開催予定の第2回写真展（個展）に向けて、神様からのプレゼントと受け止め、この道にますます精進することを誓いありがたく頂戴する。以前、誰かさんが「1位じゃなくて2位ではダ

グランプリに選ばれた「ダム放水」

メなんですか？」と言っていたが、やはり2位ではダメなんです。1位でしか味わえない喜び、感動がある。少し興奮気味に素晴らしいグランプリを実感する。

滋賀県知事賞、滋賀県建設業協会長賞、滋賀県写真連盟会長賞の賞状と副賞には、破格の10万円が添えられていた。フォトコンテストの賞金としてはこの地域の最高額だ。アマチュアカメラマンの間では、この賞を受けることが、（暗黙で）あこがれの的になっていたことも頷ける。ちなみに、大谷教室では、歴代5人目に名を連ねることができ、ホッとすると同時に、幸せホルモンが全身に充満して光栄を噛み締める。撮影は、甲賀市にある一級河川・野洲川ダム堰堤に立ち、壮大さ、広大さを表現しようと工夫し、カメラには特殊な魚眼レンズを取り付け、水しぶきを肌で感じながら、一脚の先にカメラを取り付け、必死の思いで放水面に向かって思いっきり腕を突き出す危険との背中合わせ。少し震える両腕をこらえ、角度を変えながらシャッターを切ったことを懐かしく思い出す。

5、好きなことをして長生きして！

２０２３年（令和5年）9月18日の敬老の日、孫のKちゃんからメールが届いた。

「今日は敬老の日ですね。水泳の報告があると元気だとわかって安心します。これからも健康に気をつけて、自分のしたいことをして長生きしてください。私も学校頑張ります」。

趣味を日替わりで実行し満喫している筆者。さらに孫からのこの言葉は背中を押してくれ勇気づけてくれた。これで「残りの人生も充実させる」、方向は間違っていないと、改めて進路の確認をした次第である。

敬老の日にちなみ、総務省が17日公表した人口推計によると、65歳以上の高齢者は３６２３万人だった。総人口に占める割合は前年から０・1ポイント増の29・１％で過去最高を更新し、世界トップ。うち80歳以上は27万人増の１２５９万人で、割合が10・１％と初めて10％を超えた。単身で暮らす人も多く、生活サポートの充実が課題だ。

65歳以上高齢者が30％に近づき、単身で暮らす人も増えてきている。こうした時こそ、一人ひとりが健康管理意識を強く持つことの重要性、声を大にして訴えたい。そして、病気などで介護が必要となり、辛く寂しい時を過ごす期間を短くするために、「健康で楽しい高齢生活」の普及啓蒙に全力で取り組もうと決意を新たにしたのである。筆者の出番だ、と心の深奥では新たなマグマが燃える。自身が「『健康寿命』延ばそう運動」の呼びかけ人代表となり、日本の臍《へそ》・滋賀県の琵琶湖《びわこ》から発信する全国展開構想（案）を固める。

第14章　コツコツ、ボチボチ

1、「そう一」自身を越えるための好敵手

友人Sさんからの手紙の中に、筆者が日々心している内容の一文が添えられていたので、ここに紹介する。

「人はおのれの友をも敵として敬うことができなくてはならない」（ニーチェの言葉）。

Nさんも青木さんも私よりかなりの高齢である。80歳を越えている。Nさんは90歳に近い。が、身体的な年齢に比べて精神的活力、好奇心、技術力は「そう一」の数倍勝る。老いは、身体の老いよりも精神（感情、感性）の老いからやって来るように思われる。健康的で身体的にはさほど異常がない人でも、ボケや認知症になっている人がいる。だからその人が老いているか、否かの尺度は「好奇心」「継続力、忍耐力」「感性の感度」のようなものの中にあるような気がする。お二人は74歳のおいらよりずっ

と若い。だから「そう一」自身を越えるための好敵手だ。自分を越え高めるためには敵が必要だ。これも戦いと同じように、競ったり争うためでなく、自分の今を越え高めるためだ。だから俺は単なる飲み仲間や趣味の仲間……仲間のような類は嫌いだ。友の中に哲学性や超越性……つまり己の今を越えようとする弁証法的な高まりのない人は遠ざける。いわゆる光るものを秘めた人、それがおいらの「友」だ。

「昨日の自分には無かった今日の自分を見つけよう」と、日々努力を重ね、失敗、挑戦を繰り返している筆者。類を以て集まると言っては大変失礼かもしれないが、友人Sさんからの手紙には、筆者が常々思い描いているその想いが、そっくり代弁されているようで、共感を覚え嬉しく心に響き、大きな勇気をもらった気分だ。これで方向は間違っていない、更に励もうと心に誓うのであった。

2、試される「本気度」

マハリシ・アーユルヴェーダの科学では、心も身体も健康である完全な健康（幸福を喜べる）のことを『スワスタ』という。

「有酸素運動」、必要なことは十分に理解している。しかし、なぜ実行に移す勇気が出ないのか？　多くの人が分かっちゃいるけど、実行に移していないのが現実だ。一言で言うと、これは真剣に困難に直面していないからだろう。

知人・Kさんの友人は現在イギリスで暮らしている。その友人の話によると、イギリスでは、町医者にかかるのにも事前の予約を入れて数日後、診察が受けられたとしても多額の費用が発生する。大きな病院での診察ともなれば、町医者の紹介がなければ行くこともできない。ましてや手術でも受けようものなら、数百万円単位での費用が掛かる。これは日本のように国民皆保険制度下にないことから、国民の個々がそれぞれに身の丈に合った保険に加入する制度の違いから発生する問題でもある。そうしたことから、国民の「自らの健康は自らが守る」という「本気度」が根本的に違う。国民は自らが「自分の健康」に本気で向き合い、有酸素運動一つにしてもその取り組む姿勢、すなわち、「本気度」が全く違うという。この「本気度」を我々日本人は学ばなければならない。

それに比べて日本の場合は、少し熱がある、風邪かも知れないとすぐに町医者に行き、注射を打ってもらい薬をもらう。あまりにも環境が整いすぎているという一面も否めない事実だ。安易な道を選び、すぐに注射や薬に頼ってしまうという日頃の習慣が切羽詰まった危機意識を遠ざけ、「本気度」を疎外しているように筆者には映る。手術にしても国民皆保険制度の下、大した金額でもないことから、ついついそれに頼ってしまうという、安心感が根底にあるため「本気度」はどこかに行ってしまうというのが現実の姿だ。

3、脳を使い困らせよ！

筆者は今日、最大の社会問題の一つ、「認知症」を広く正しく理解してもらうための活動をする「愛荘町認知症キャラバン・メイト」の一員に加わっていることに自信と誇りを持つ一人だ。認知症予防の一つには、高齢になっても社会参加することが大事だとよく言われる。それは相手を思いやって接する、多くの人と会話をすることが、認知症を予防する上で大きな効果が見込めるからだ。そのお手本になるべく、野心にも似た思いを抱き、足しげく町の健康推進員や認知症キャラバン・メイトとしての活動に積極的に参加している今日がある。そのためには、自らが、認知症を寄せ付けない工夫と努力が誰にも増して必要と考え、密かに実行している策がある。その一例をここに紹介する。

認知症予防には、頭と身体を使い続け、特に頭と身体を困らせることが大事だと考え、あいさつをする時など、できるだけペーパーを見ないで、みんなの顔を見ながらあいさつするように心がけている。そのためには数日前にあいさつの全文をまとめ、それを3分割してA、B、Cとする。毎朝のウォーキング時にAから順番にB、Cと覚え口ずさんでいく。それを繰り返して、全文を熟知していく。すると当日、なんとか全文ペーパー無しであいさつができるという仕組みだ。

２０２３年（令和５年）11月18日開催の令和5年度・愛荘町認知症フォーラムで寸劇終了後、代表としてのあいさつで試してみたところ、うまくいった。脳には心地よい負荷がかかり、脳のために良き刺激となることは明らかだ。少し努力をすれば誰にでもできる範囲のもので、うまくあいさつができると気持ちも良く上機嫌になる。また、もう少し長めのものを、そして、もう少し難しいものへも挑戦してみようという意欲にもつながり、そこに元気な身体と心が生まれる。

機会があれば皆さんもぜひ実行に移してほしいものだ。やればできるのです。その前向きの気持ちこそが大切だと筆者は考えている。実は内心、認知症キャラバン・メイトが、認知症になっていては様にならないという気持ちが心の奥で強く働き、元気な後期高齢者のお手本になるためにも、自分自身のためにも、これからも、ことある毎に新しいことに挑戦し続けて行きたいと決意。この気分に拍車をかけている。

4、インタビュー記事が「Ｓｔｏｒｙ」に掲載

滋賀県の「医療福祉の地域創造会議」が行う「滋賀の医療福祉を守り育てる」普及啓発事業の一環として、人生楽しく、イキイキ生ききる人たちを紹介した「Ｓｔｏｒｙ　人生楽しくイキイキ生ききる」という冊子がある。これは、生涯現役で活躍する人、地域の元気印のような人など、年齢を重ねても自分らしい暮らしを送り、イキイキと人生を謳歌している人を通して、自分自身がどのように生ききりたいのか考え、実践につなげていくきっかけとなる事業。今回、県内でイキイキと人生を謳歌されている人、4人と1グループを選びインタビューされた。筆者も該当者のうちの一人に選ばれ、２０２４年（令和6年）1月16日、愛荘町役場でインタビューを受ける。冊子は3月末完成で、発行部数は３０００部、県内の薬局、診療所、市町に配布される。

「Ｓｔｏｒｙ」を見られた担当課長の計らいで、２０２４年9月、滋賀県多賀町社会福祉

目標は、90歳で　マスターズ水泳日本記録に挑戦！

青木《あおき》宏樹《ひろき》さん　84歳（愛荘町在住）

定年してからの約25年間、水泳、ゴルフ、カラオケ、絵画、写真、ボーリングなど、次々と新しいことに意欲的にチャレンジしてきた青木宏樹さん。85歳を目前とした今も、週4回のスイミングスクールで1回1500m泳ぐなど、生き生きと健康的に毎日を過ごしています。その秘訣は「目標を持つこと」。自ら実践してきた「健康で楽しい高齢生活」をお手本にしてほしいと、『「老い方」道しるべ』と題した本を自費出版されます。

キーワードは健康寿命

男性の平均寿命が全国1位、女性が全国2位となり、全国トップレベルの長寿県となった滋賀県。けれど、青木さんが着目するのは、「健康上の問題で日常生活が制限されることなく生活できる期間」いわゆる「健康寿命」です。

「自分より年配の人たちが病気になって寝たきりや長期入院する姿を見て、健康なまま老後を送ることが大切だと常々感じていたんです。だから、自分の老後は、目標をもってどう生きるかをテーマに過ごそうと決めていました」

健康で楽しい高齢生活のお手本になりたい

現役引退後の61歳からスイミングスクールに通い始め、64歳でスイム駅伝8時間耐久レースに出場。これを健康管理の柱と定め、毎年出場するように。水泳だけでなく、ゴルフに絵画、写真など、徐々に趣味の幅も広げていきました。幼い頃は苦手だった歌にも挑戦。カラオケ教室に通い、『NHKのど自慢大会』（予選会）に出場するまで上達しました。絵画や写真も仲間と切磋琢磨しながら腕を磨き、写真展なども開催しています。

生活の中に目標を立てる

「いま、最大の目標は6年後、90歳になったときに日本マスターズ水泳1500mで日本記録に挑戦すること」と話す青木さん。

日々を生き生きと意欲的に過ごす秘訣はそこにありました。青木さんが見せてくれたのは、1週間の予定をまとめた週間スケジュール。毎日の食事から行動まで、きっちりと計画を立てて管理されています。

「子どもにも『お父さんは毎日忙しい』と笑われてるんですけどね。何かを成し遂げるためには目標設定が大事。簡単な目標からでいいので、いつまでに何をするのか定めると、それを達成するために頑張れる。また、達成できたら、じゃあ次はこうしようと新しい目標が見つかります。それを続けて行くことで、生活に張りが出てきます」

予定がぎっしり入った青木さんの週間スケジュール表

スイム駅伝8時間耐久レース10年連続出場の記念撮影

地域も元気に！

青木さんの健康的な高齢生活は、自分のことだけにとどまりません。2012年から愛荘町認知症キャラバン・メイトに参加。認知症予防啓発紙芝居の脚本も書くなど、主力的に活動を引っ張ってきました。

「2025年には全国で700万人の認知症患者が生まれると言われています。具体的に言えば、65歳以上の高齢者の5人に1人、85歳以上の4人に1人が認知症になる。これは大きな社会問題ですよ。この先避けては通れない社会問題改善に向けて、自分が関われていることが嬉しい。仲間の皆さんにも自信と誇りを持って活動しましょうと話してます」

健康的な高齢生活のバイブル出版

こうした自身の活動や体験の記録をまとめ、健康的な高齢生活のお手本にしてもらえればと『「老い方」道しるべ』と題した本の自費出版も進めています。本の出版は85歳を迎える2025年の予定。

「お医者さんなど博識な方が老後の生活について進言する本はあると思うんですけど、これは私自身の記録とか体験がもとになっているので、みなさんに参考にしてもらえたり、共感してもらえるんじゃないかなと思っています」

この本をきっかけに「健康で楽しい高齢生活」の輪を滋賀の琵琶湖から全国へと広げたい。そして、日本中に笑顔の花を咲かせる「令和の花咲かじいさん」になることが、青木さんの新たな目標です。

製本制作中の『「老い方」道しるべ』

「絆」

青木さんの写真作品

「Story」に掲載された記事

協議会より、10月24日、開催の「福祉のつどい」での講師依頼が舞い込み、我が胸は高鳴り、これまで経験したことのない責任と緊張を覚える。併せて、自らを磨くためにも、期待に応えていきたいと新たな決意をする。要望の主題は「人生を楽しくいきいき暮らすコツ」。頭をよぎったのは、本書の副題でもある「健康で楽しい高齢生活」。人体実験を通して育んできた80代の生きる力、年間5大目標（歩く、泳ぐ、撮る、歌う、投げる）の発想と経過など中心に具体例を挙げ、語ろうと考え原稿を整える。

筆者の演題は、出版にかけた熱き思い「目標があれば 元気が出る」とし、目標を持って生活することの大切さや楽しさ、そこに元気が出ることを力強く訴えることにした。その根本にあるのは、平均寿命と健康寿命との差、全国平均で男性8年、女性12年あるものを、スポーツ等を継続的に生活習慣に取り入れた『健康寿命を延ばしたい』運動を日本の臍《へそ》にあたる滋賀の琵琶湖《びわこ》より全国に発信し活動する中で、その差を1年でも2年でも縮めるために微力を捧げたい。そして、全国の津々浦々に「健康の笑顔」すなわち「笑顔の花」を咲かせる「令和の花咲かじいさん」になり、大きくは介護費や医療費の軽減に努め社会貢献する、という遠大な構想を熱く語り、講演を締めくくるという筋書きにした。

講演会場にて

　講演当日は、立派な中央公民館「ささゆりホール」のステージに立ち、少し緊張しながらも気持ちを引き締め期待に応えようと、準備した原稿に時折目をやりながら、「ゆっくり、はっきり、大きな声で」をモットーに、パワーポイントを使用しながら分かりやすく丁寧に語りかけた。

中ほどを過ぎた頃には気持ちも落ち着き、来場者の顔もそれなりに見えるようになり、本来のスピーチができるようになっていた。心配をしていた1時間の持ち時間も、練習を重ねてきたお陰であろうか、有効に活用し、初舞台としての初期の目的を達成したように思えた。講演終了後には、身に余る盛大な拍手を浴び、感慨無量という感じで、この時、新しいもう一人の自分を発見したようにも感じるのであった。

5、飲酒　1合でも病気のリスク

厚生労働省は初の指針「健康に配慮した飲酒に関するガイドライン」を正式決定し、2024年（令和6年）2月19日公表した。酒量より純アルコール量に着目することが重要だとし、疾患別に発症リスクを例示。大腸がんは一日当たり約20グラム以上で、高血圧は少量でもリスクが高まるとしている。飲む際は量を決めるなどの留意点も挙げた。

純アルコール量20グラムはビール中瓶1本や日本酒1合、ウイスキーのダブル1杯に相当。指針によると、一日当たりの摂取量として脳梗塞は男性40グラム、女性11グラムで発症の恐れが上がる。女性の乳がんは14グラム、男性の前立腺がんは20グラム。男性は、少しでも飲酒すると胃がんや食道がんを発症しやすくなるとの報告がある。高齢者は若い時に比べて酔いやすく、一定の酒量を超えると認知症発症や転倒のリスクが高まる。

このガイドラインを受けて、筆者の晩酌基準が大幅に修正されることになった。これまでは、その日の都合や好みによって、日本酒、焼酎、ビールを交互に、日本酒に換算して1日1合程度愛飲していたが、後期高齢者の健康を重視した新しい晩酌基準を改めて設け、ポリフェノールを多く含む赤ワイン、または、日本酒80cc程度を楽しむことにした（ポリフェノールは、抗酸化作用が強く、活性酸素などの有害物質を無害な物質に変える作用があり、動脈硬化など生活習慣病の予防に役立つ）。

6、夢は90歳で水泳1500メートル記録に挑戦

初めは少し難しいと思うかも知れないが、何事にも積極的にトライしていくと、自分の世界が自ずと広がっていくように思えるようになっている。その矢先、2024年（令和6年）2月22日、満84歳誕生日、筆者の泳ぎを長年見守って指導に当たっているMインストラクターの方が、10年前（70代）に比較すると、「練習量、60分で1000メートル泳いでいたものが、現在では45分で1000メートル泳ぐというスピードアップ面と、泳ぎのホームもとてもきれいになった」と、嬉しい言葉をかけてくれ、これが一層の励みになっていることもやる気に拍車をかける。そうした中、90歳で日本マスターズ水泳、1500メートル記録に挑戦すべく準備を整える毎日だが、現在、標準記録（40分）を約4分オーバーしている。これをなんとか縮めたいとの強い思いから、体力と脚力の増強をねらって、毎朝のストレッチに腹筋や股関節の強化策として、次の5種目を追加することに

し実施に移した。新しい種目を加えると、例えば、スクワットや空中での自転車漕ぎなど、始める前のうまくできるかなという不安と、やっていると「なんとかできた」という満足感、その時を待つかのように、ワクワクした新鮮な気分にも浸ることもでき、これもプラス効果になっていることも事実だ。

①上向きに寝っ転がって、上げた両足を瞬時に強く左右に開く（50回）。
②同じく上向きに寝っ転がって、上げた足を左右交互に、空中で自転車漕ぎをするように力強く動かす。当初は50回としたが、日が経過するに従い5回増やし、10回増やししている間に、1か月後には120回まで可能になる。
③両手は腰におき、両膝は足の指先までの範囲に留め、3秒間で腰を落とし、3秒間静止、そして、3秒間で腰を上げるスクワット（10回）。
④片足立ち、右足70秒、左足70秒。
⑤かかと落とし30回。

7、子どもたちに迷惑かけない親の気配り

満84歳の誕生日を迎え、子どもたちにできる限り迷惑をかけない生活をしようと考え、人生の舵《かじ》を自分自身で握る。例えば、現在は娘夫婦と同居しているが、筆者も自由にプランを立て、自由に実行に移すことの楽しさを味わう生活が送れ、子どもたちもそれを遠巻きに了承し、納得する生活スタイルで、後期高齢者が自らも楽しみながら「自分のことは自分でする」という生活の基本を実践に移した形だ。一例だが、筆者の場合、これまでで自分のご飯は自分で炊く習慣が身についている。そこには管理栄養士の指導を受けながら、自分なりに栄養面でのひとつの拘《こだわ》りがあるからだ。最近の状況を紹介すると、1回に炊くご飯の材料は、白米1・1合、胚芽おしむぎ1合、玄米0・9合、4日間水に浸けた小豆0・1合、十六穀ごはん30グラム、ニンニク3片、オリーブオイル大さじ2を混ぜて炊き、これを12個の四角形板状おにぎりにしてサランラップで包み冷蔵庫で保管する。これを毎

食時、取り出して500W、1分30秒で温める。1回炊飯すると4日分いけることになる。あれこれ考えながらご飯の準備をすることは「ひとりを鍛える」ことにも通じ、認知症予防にもつながると考え、今日では楽しい作業の一つになっている。併せて、結果がどうついてくるかも興味があるところだ。

8、撮影には特別な体力と精神力

2万2000人以上が犠牲になった東日本大震災から13年目を迎えた2024年（令和6年）3月11日（84歳）、筆者は四国・徳島市、吉野川大橋の上にいた。

吉野川の冬の風物詩となっている伝統的な漁法で、蛍の光のようにライトを照らしながらニホンウナギの稚魚（シラスウナギ）を捕らえる方法、「シラスウナギ漁」の幻想的な風景を撮るため、新月の午前1時、ホテルをジャンボタクシーで出発して吉野川河口へと向かう。土用の丑の日などに食べる養殖のニホンウナギの稚魚「シラスウナギ」は、満潮

「シラスウナギ漁」（筆者撮影）

に乗って遡上し、光に集まる習性があるので、余計な光の少ない新月の満潮時、真っ暗闇の中で集魚灯を灯した小舟が水面に浮かび作業をする。それを橋の上から狙うためだ。

（日本から遥か南、２０００キロメートル以上離れたマリアナ諸島沖で初夏に生まれたウナギの仔魚《こぎょ》が、冬に日本の河口域にシラスウナギとなって採取され、養《よう》鰻《まん》業者によって養殖される）

天気は晴れ、気温は2℃前後と冷え込んでいる。橋の上は少し風がありより寒く感じる。特別にパッチなど下着を身に付け、万全の防寒対策を整えたつもりでも寒さは厳しく感じ、手袋をはめた指がかじかんで痛さを覚えるも、水面にホタルのように映える小舟の出入りを、また、集合離散を繰り返す小舟を、ホタルの競演とも思える素晴らしい光景に魅了され、「独自の作品を撮る」精神でシャッターを夢中で押し続ける。40分ばかり経過しただろうか？　寒さのせいで手袋をはめた指先にも力が入らなくなり、シャッターが切れなくなってしまう。そこで、最後の手段として手袋を脱ぎ、素手の状態でシャッターボタンを押すことにし急場をしのぐ。しかし、それも長続きはせず、20分後の午前2時30分頃からは指先の感覚がマヒ、シャターが切れなくなる。寒さには勝てず、やむを得ず断念してホテルに引き上げる。

厳寒の深夜に起きて出かける異例とも言える今回のような撮影会では、特別な体力と精神力が必要であることを如実に思い知らされる。そんな中で、参加者中の最高齢者は、福岡市から参加のHさん（90歳）、筆者より6歳も年上だ。健康的で現在も海外旅行にも積極的参加で、筆者の目指す後期高齢者像のひとりと尊敬する。健康だから参加できる。また、健康だから新たな出会いも生まれる。「健康」が何よりも大切だと改めて痛感した今回のツアー参加だった。

9、「認知症」の波 肌で実感

認知症高齢者の患者数は、団塊の世代が75歳を迎える2025年には、全国で700万人になると推計されており、65歳以上の高齢者の5人に1人、85歳以上では4人に1人が認知症になると予測されていることは周知の通りだ。その現実の姿が、筆者の身の周りにも顕著に現れ、「認知症」の波がひしひしと押し寄せて来ているのを肌で実感する。10年前、近くの認知症と思われる人は1人であったと記憶しているが、今日では、その数は4人にのぼり、2人が施設に入所、他の2人は自宅で家族の介護を受けながら、デイサービスに通うという毎日だと聞いている。

2024年4月（84歳）、新年度に入って、地元簡易水道組合の連絡員を引き受けた筆者が、会費の集金に回った時の話である。認知症の親を介護されている家族の方から「一見、普通のように会話する時もあるが、全く理解していないので相手にしないでほしい。

ましてや、大切な書類やお金などの受け渡しはしないでほしい」と突然言われ、驚くと同時に大きなショックを受ける。「認知症」、もう本当に他人事ではない。身近で起こっている現実の問題として重く受け止め、本人を始め家族の人と接する時は、寄り添う気持ちを忘れずに、言葉にはこれまで以上に注意して、接しなければいけないと自分を改めて戒め、特に①驚かせない、②急がせない、③心を傷つけない、の三つのない運動を基本にして接していきたいと、自分に言い聞かせるのであった。

この避けては通れない「認知症」、なんとか避けて通りたいとの強い思いから、最近では、筆者自身、「あれも認知症予防」、「これも認知症予防」と言いながら、こまめに考え身体を動かし、お茶碗を出したり、お皿を片づけたり、そして、衣服を出したりしている日常の姿がそこにあることに気づく。

10、薬にはメリットとデメリット

高齢になると複数の疾患を抱え、薬をたくさん飲んでいる人が珍しくない。こうした多剤服用が原因で副作用が出たり、きちんと薬が飲めなくなったりするトラブルは「ポリファーマシー」と呼ばれ、薬剤師を中心に対策するようになってきた。全国の保険薬局での処方調査（２０１７年）によると、５種類以上の薬を処方されている人の割合は65～74歳で27・９％、75歳以上では40・８％にもなる。国内外の報告では、副作用によるアレルギーなど薬物有害事象は、高齢者の６～15％で発生。薬の種類が増えるほど、発生率が高い傾向があるという。とりわけフレイル（虚弱）の高齢者が多剤服用した場合、その割合は33％に達した。

筆者は、血圧を下げる薬（アジルサルタン錠10㎎）を、予防のためにと毎朝食後に１錠服用を長年継続してきたが、薬にはメリットとデメリットがあることを強く意識するようになり、薬は1錠でも少ない方が良いと考えるようになった。そこで、医師とも相談して、気温の上がる4月～11月の間は血圧も安定することから薬の服用を休止して、気温の下がる12月～3月の冬季寒い期間のみ服用する形に修正することにした。

11、「良き作品を撮る」執念がそうさせる

２０２４年（令和6年）5月29日、コロナ禍を経て、5年ぶりに旅行社が再開した「麗しきブルガリア・バラ祭り」ツアーに参加する。筆者（84歳）は参加28名中の最高齢。これを誇りに思うと同時に、日頃の健康管理の賜物と改めて自分を褒める。

快晴に恵まれた6月2日、バルカン半島のほぼ中央、カザンラク郊外のバラ畑脇の広場で「バラ祭り」開会セレモニーを見学する。誘導された一般観覧席は、舞台を横から見る位置でしかも逆光。これではせっかくの「バラ祭り」、良い写真は撮れそうにないと直感。その場を一人こっそりと抜け出して、反対側にあるバラ畑を迂回して、進入禁止のテープ

バラ祭りでミスバラ入場

が張られ、監視の目が厳しい中を潜り抜けて、地元関係者が待機する中に紛れ込んで何とか好ポジション確保に成功する。

白地に赤、緑、青、黄、黒と色鮮やかな民族衣装を身に付けた少女や青年たちのグループに混ざり、中年、老年の男女も踊りの輪に加わる。年に一度、待ちわびた「バラ祭り」、テンポも軽やかな曲に合わせて、時には威勢のよい掛け声が会場いっぱいに響き渡る。選ばれたミスバラは、4人の男性が担ぐコシの上に立ち、堂々の入場で開会セレモニーは最高潮に達する（写真）。集団演技で盛り上がる中、輪の隙間から、今がチャンスとばかりに舞い踊る人たちの表情を必死の思いで追い続ける。夢中になるということは、こういうことかと噛み締める。ある時は背伸びをして、またある時は背をかがめて、踊る男女がレンズのすぐ前を通過するその間隙を縫ってシャッターを切る。近くで出番を待つ老紳士は、苦慮する筆者の様子を見かねてか、「こっちに来なさいよ」と優しく手招きして、好ポジションへと誘導してくれた。ありがたいことだと感謝、感謝である。その好意に報いるためにも、良き作品を撮らなければいけないという責任感のようなものにも励まされ、シャッターを切る手を緩めることはなかった。後刻、一般観覧席からその様子を見ていたツアー仲間からは、何時、警察官に退場を命じられるのか、ハラハラしながら見守っていたと、その時の様子を語ってみんなを笑いに誘うという一場面もあった。

あとがき

「それをやりにおれは生まれてきた。そのことだけを考えればいい」（ヘミングウェー）。

正直言って「健康」に少し拘《こだわ》って、拘って生きてきた。誰にも負けないくらい拘って生きてきた。逆に言えば、それ以外のことにはあまり気を使わず、そこそこに過ごしてきた一面もある。その点は家族に対して誠に申し訳ない気持ちだ。

「健康」が人生を歩む上での根本だと目標に定め、ひた走りに走ってきた結果、人生の卒業論文である本書の執筆につながったのだと言っても過言ではない。これは、60歳を過ぎてからでも目標を持って日々歩んできたからこそ、ここに結果を生むことができた。目標を持つことがいかに大切であるかを、ここに証明することができたと思っている。また、この「健康」に拘ってきたからこそ、自身の「人体実験」を創出し、充実した後期高齢生活を営むことができたと、その好循環に感謝している。

今、振り返って考えるに、人生の課題をこの「健康」に的を絞って探究してきたことは、超高齢化が進む社会の潮流の中にあって、自分の身をその中に晒しながら共に考え学ぶ、時宜にかなったテーマであったのではないかと振り返る。また、これは多くの方々の力が縁として結び合って成就したものであって、決してひとりの力によるものではないと思っている。

ひとりでも多くの人にこの「健康」に気づいてほしい。「生活習慣」の大切さを自覚してほしい。そして、多くの人が「健康で楽しい高齢生活」を送ってほしい。手探りで歩んできた「高齢者道」、つまりは『「老い方」道しるべ』が皆さんの新しい道（生活）につながれば幸いである。全国の津々浦々に「笑顔の花」を咲かせたい。令和の「花咲かじいさん」になることを私は夢見ている。

某大学教授の言葉「自らが出題し、それに答えよ！」を思い出す。人生も同じで、自らがテーマを定め、それに対する答えを考え論じ続けることが、目標ある生活につながり、ひいては日々考える生活を生み出してくれる。最後に、このたびの出版にあたり、株式会社文芸社を始め、助言等いただき、お世話になりました多くの関係の皆様に心から深く感謝申し上げます。

青木　宏樹

孫のＳくん（小学六年）が描いたじいちゃんの顔

筆者考案のマンホール蓋デザイン

著者プロフィール

青木 宏樹（あおき ひろき）

昭和15年2月22日生まれ
昭和33年　県立愛知高等学校卒業
昭和37年　愛知川町役場に奉職
昭和55年　町企画課長（日本電産㈱等を企業誘致）町議会事務局長
昭和60年　株式会社日本デキシー滋賀工場総務部長
平成4年　愛知川警察署管内国際交流地域連絡協議会会長
平成6年　日伯修好100周年でブラジル訪問
平成7年　愛知川町長選挙に立候補 僅差で涙を呑む
平成12年　大津文化ビジネス専門学校修了
平成14年　那須緑地株式会社取締役総務部長
平成17年　スイム駅伝「ザ・8耐」に初出場
（2時間で5100メートル泳ぐ）
平成21年　第1回ブラジル人学校「サンタナ学園」クリスマス会開催
平成24年　東日本大震災復興支援ボランティアで大槌町に参加
町認知症キャラバン・メイト
平成26年　町健康推進員
令和元年　認知症予防編紙芝居「前を向いて」脚本執筆
令和2年　「サンタナ学園」支援で80歳記念写真展開催
令和3年　愛荘町介護保険運営協議会委員
令和5年　ベトナム北西部・山岳少数民族と棚田を訪ねる
第2回写真展開催
令和6年　滋賀県の「医療福祉の地域創造会議」の冊子「Story」に
インタビュー記事が掲載される
多賀町「福祉のつどい」で講演
甲良町「町民大学」で講演
令和7年　「『健康寿命』延ばそう運動」呼びかけ人代表

（現在）
愛荘町地域支援グループ「さざなみ」代表幹事
愛荘町認知症キャラバン・メイト（代表）
愛荘町健康推進員
全日本写真連盟会員
八日市フォトクラブ会員

「老い方」道しるべ　85歳現役健康推進員の提言

2025年２月22日　初版第１刷発行

著　者　青木 宏樹
発行者　瓜谷 綱延
発行所　株式会社文芸社
〒160-0022　東京都新宿区新宿1－10－1
電話　03-5369-3060（代表）
03-5369-2299（販売）

印刷所　株式会社フクイン

ISBN978-4-286-25666-5